U0029242

院長的處方箋

小黑大叔碎碎唸

小黑大叔／著

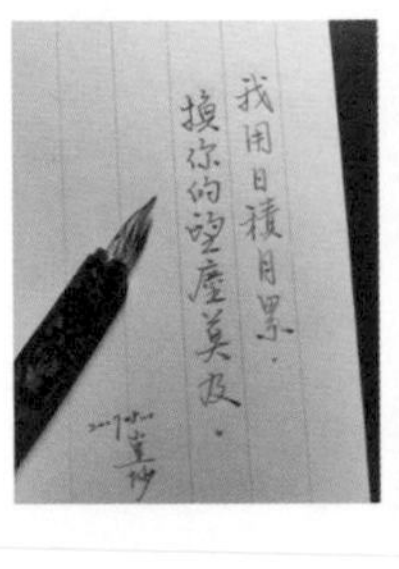

目錄

在網路上與人爭論，切記！
你的目的應該是氣死對方，
而不是說服對方。

裏王
甘 就像現泡
想瓶 連載中

序 院長

你有病，我有藥

第一次接觸我或是來看我直播的朋友，最常問的一個問題是，為什麼大家都叫你院長？

還記得二〇一六年的二月底，粉絲頁才剛剛開張。隔了一個月後，臉書開放了直播的功能，從此直播不再是藍勾勾的專利，什麼阿貓阿狗都可以直播了。

走在時代尖端的我，怎麼可能不試試看？也就是從這時候開始，莫名其妙的踏上了直播喇賽兼寫字的這條不歸路。

你知道同時有5,000人在線上看你寫字是什麼感覺嗎？

首次在台北的粉絲見面會。

可能是新鮮感使然，也可能這個社會真的病了，沒想到這樣沒營養的直播，竟然然慢慢的也匯聚起一些死忠的粉絲，也就是所謂的腦粉啦。

有天晚上直播時，我忘了寫了些什麼，腦粉鼓譟著說「好帥、好厲害、太神啦……」諸如此類莫名其妙沒來由的讚美時，我隨口罵了一句：「你們這群神經病！」

但是腦粉終究是腦粉，被我罵完神經病之後的反應竟然是「沒錯，我們真的是神經病，而你就是我們的院長」。

從此之後，對，我就成了管理這些神經病的院長。

雖然只是我們之間的一句小小的玩笑話，卻讓我感覺跟大家之間，拉得更近了。老實說，這一大群自以為是神經病的神經病，才是我在練字這條路上最大最大的收穫，我真的真的心存感激，真的！

從開始經營粉絲頁這兩年多的時間，對我一個中年大叔來說，就是一段奇幻旅程啊。這段時間見了很多人，做了很多事，實踐了很多心裡的想法，留下很多很多回憶。但我心裡很清楚，這段旅程，不會有多長，所以我非常非常珍惜我現在能遇到的、能有機會去完成的每一件事。就連出

對我一個中年大叔來說，經營粉絲頁是個奇幻旅程。

這本書也是，這是我從來沒想過我這輩子有可能會做的事情。

這本書，紀錄了些我練習寫字的心得，寫了些活到現在有趣的人生際遇，寫了些生活感想，寫了些碎碎唸。覺得有用的，拿去參考；覺得有趣的，拿去笑笑；看完覺得沒幫助的，別丟！拿去墊桌腳。

但是，真心希望裡面的每個段落，都像一張小小的藥單，能讓你有些感動，或是有一些不同的思考方向。

時間在走，沒有什麼是過不去的。所有的事情，後來都會過去，只差在你希望它怎麼過、你希望用什麼方式讓它走過。面對眼前的情況，你可以把它過得很慘，你也可以充滿希望的度過。但是不管是用哪種方法，它總是會過去的。

我總覺得我自己是一個極度理性的人，總是想讓自己用一種充滿希望、樂觀、積極的方式，來度過人生的每一天。更希望我們能一起這樣子正面、勇敢的，一起成長，大步向前。

風吹雪片似花落
月照冰文如鏡破

前言

就說我不會寫書法了！

在粉絲頁的自我介紹裡，我開宗明義的寫下了這幾句話：

我不是寫字老師，不是寫字大師，

我不是寫字達人，我根本不會寫書法。

我只是喜歡寫字，愛寫字。

我曾經練習過書法，嗯，只有小學的時候，哈！在寫字這件事上，我沒有家學淵源，沒有兩岸名師指點，沒有突然茅塞頓開，沒有常常去拜文昌君，沒有動過什麼神奇的手術，我更沒有什麼厲害的、名貴的高級鋼筆，我就喜歡拿隨手可得的筆跟紙，來做寫字這件事。

但你知道嗎？「小黑大叔碎碎唸」這個粉絲頁，在過去一年中，粉絲人數從七萬人陡然上升到超過二十八萬人，而且持續成長。重要的是，院長死不付錢給臉書打廣告，真的都是活人

▍這支影片已有超過 238 萬人次觀看。

來的。

還記得這個原子筆寫字的影片嗎？「釋放你原子筆裡被封印的原子彈能量」，一百秒的影片，觸及率超過五百五十八萬，觀看次數超過二百三十八萬，三萬五千次以上的分享，兩萬五千個人按讚，接近三千多則留言，真的很變態啊！

另一個影片也很扯，只用鉛筆寫了一個「齡」字，短時間裡就累積超過一百萬以上的觀看人次。我不知道你們能不能感覺到這個很扯，這個觀看次數已經比很多網美大露特露的觀看次數還多咧，扯。

這一年之內，也開了超過四十次的作業日直播，來和大家分享我對一些字的想法。為了推動大家練習寫字，也為了分享我自己在家如何練字，我經常南北在跑，光二〇一七年我就有一百多個晚上是在外面授課的。寫字，怎麼練習寫字，突然間變成我和許多人的共通話題。到底發生什麼事了啊我？給我一點時間，聽我娓娓道來……

我寫的都是故事。不難閱讀，不難理解。最重要的是，不難實踐。

我邀請你，跟著我按部就班一起練習，堅持到底，然後相信自己做得到，努力練習，一段時間之後，你一定一定能看見自己的進步！

想像一下，將來你能寫一手好字，當你寄出聖誕卡、賀年卡的時候，當你給公司寫報告的時候，當你和客戶簽約，當你傳紙條給心儀的女同學的時候，他們一定會被你嚇慘！怎麼會有這麼會寫字的人啊！

這件事，真的不難，根本不難，你們一定做得到！

我長這麼醜都可以，你怎麼可能不可以？

來，跟我來。

用鉛筆寫的「澀」字，希望破除大家對工具的迷思。

平安

风吹雪片似花落
月照冰文如镜破
SCHMIDT
IRIDIUM

Lesson

01

誰的字不是醜出來的？

院長，你的字是不是從小就很漂亮？

這大概是我這兩年來聽過最多次的稱讚。

我想，我高中的國文老師可以幫大家回答這個問題。他曾經當著全班的面對我說：「小黑，你看看你寫的字！真的是全班最醜的耶！」最好是啦！這是對人不對事吧你，明明班上還有其他人的字比我更醜，你怎麼可以這樣說。

拜託啦！最好有那種「天生」寫字超美的啦，要不要乾脆說一出生手上就拿支筆，一手指天，一手指地的那種？沒有那種人啦！只要你眼睛看得見，腦袋是正常的，五隻手指都健在，可以正常活動的話，那就代表我們的先天條件是一樣的啊。又不是跑步游泳，天生還有身體素質條件優劣的差異。我手上也沒有一個USB插孔，可以把字帖灌進去啊！寫字要的不就是眼、手還有腦的協調嗎？其實大家先天條件的差異真的很小很小，真的只有差在有沒有練習而已，真的沒有這麼難，拜託你再相信我一次。

但其實，一開始聽到人家說「院長，你的字是不是從小就很漂亮？」的時候，心裡是蠻開心的。怎麼說也是在稱讚我的字好看吧！但隨著我的練習量越來越大，練習得越來越努力，再聽到同樣的話，其實是蠻悶的了。因為我練習得越多，我越能明白：這一切，真的都是練習來的，你這樣誇我，好像根本就無視我的練習一樣，我哭。

好啊，那說到練習，院長你練了多久？一定練了幾十年吧？

可惡！我才四十歲好嗎？我練習寫字的時間，真的不長。我以前很忙的好嗎？要拜訪客戶、要做業績、要釣魚、要打撞球、要玩線上遊戲，假日還要陪老婆小孩，最好我還有時間練習寫字啦，哈！

真要說一個我開始練習的時間，那大約是在二〇一五年的年底吧。那一陣子，突然之間刮起一陣寫字旋風，各式各樣的鋼筆、墨水、字帖、寫字課程、寫字大師、寫字達人滿天飛啊。我也就在那時被朋友邀進寫字社團，這也是我第一次接觸到這樣的圈子。

老實說，當時的我真的以為自己的字很美，會飛天鑽地的那種，所以一加入社團時，我就立馬 po 文，想讓大家見識一下我的厲害！等到發完文，在社團走走看看時，才發現，我根本自不量力，把自己的視野當作世界的極限，我真的很有事。

真的好多好多寫字好厲害好厲害的人啊！

真的好羨慕，真希望有一天我也能跟大家一樣，能寫一手好字。當時的我就是這樣想的。

那該怎麼做呢？

對，我剛說過了，很簡單，練習就好。真的練習就好。

每次有人私訊到粉絲頁，問我寫字的訣竅，我就會回答這兩個字，**練習**。但是通常我回完，對方就不會再回我了，哈哈哈，因為大多數的人只想知道不用練習的方法。

還有，你不要聽商人在那邊洗腦，說一定要買什麼樣的筆，字才會寫得漂亮；一定要用什麼樣的紙，墨水才能演繹得剛剛好；一定要上什麼樣的課，才能速成高手；一定要看什麼樣的書，才能一日千里。真的別聽他們在那邊狗屁。

你要做的唯一一件事，很簡單，拿出你隨手可得的筆，簡單的紙，每天留一段時間給自己塗塗寫寫，其他的慢慢你會知道你需要什麼。先寫再說。

話說，如果有那種買了之後，寫字就變超漂亮的筆，或是那種上完之後，字就會變很漂亮的課，那拜託你不要自己偷偷爽，請你務必一定要告訴我，我也要去買，我也要去上。

好啊！那什麼是練習？

這兩三年常常看到這樣練習的：趁著有空，陽光正好，微風不噪，帶著超美的筆袋，帶上幾隻有小白花的鋼筆，帶著厲害的字帖、皮墊、紙，然後到星巴克去，點杯咖啡坐下來，寫幾個字，擺盤擺的漂漂亮亮的。重點來了，一定要拍張照，打個卡，讓大家知道，他在練字。

拜託，別被那些假文青騙了，真的要練不是長那樣；真的這樣練要有進步，這世界上還有誰不是神人？

在我心中，所謂的「練習」、「練字」，最低的限度是「量」：一定要有量！就算你練習的方法很爛，進步得很慢，但是維持一定的練習量，最少最少你會得到的是「寫字的習慣」。

你一天花多少時間練習寫字呢？我還記得我練習的第一年，平均一天練習寫字的時間是四個小時。一直到今天，我都還有保持每天最少兩個小時的練習時間。這已經是習慣，不寫心裡不踏實。

所以最少最少要先把量做出來。有了「量」之後，再來調整「質」，使用正確的方法、字帖、工具，有系統地去調整、去練習。總的來說，量才是最重要的。就算我給你最屌的工具，最好的方法，最厲害的老師，你不做「大量練習」，那些最後都還是我的，不是你的。

老老實實地把時間空出來，把心靜下來，每天給自己一段時間，好好的跟筆培養感情，好好的一個字一個字，按部就班地去練習，自然就會進步了。

我很少說人家字醜的，除非我很肚爛那個人啦！

我覺得只有練或不練、有練跟沒練、先練跟後練，先漂亮跟後漂亮而已！所以如果你也想一起練習，你一定要對自己有信心。你現在只是還沒開始練習，只要透過練習，你一定也可以讓自己進步很多！真的沒有訣竅。只有要或不要。我先練了，你快跟上！

只有練習永遠不背叛你。

院長開藥單：大家都是這樣過來的。

範例1：這張就是我剛說的，第一次丟在社團的字，我當時真的自以為厲害咧，哈哈哈！糗到一個爆炸。

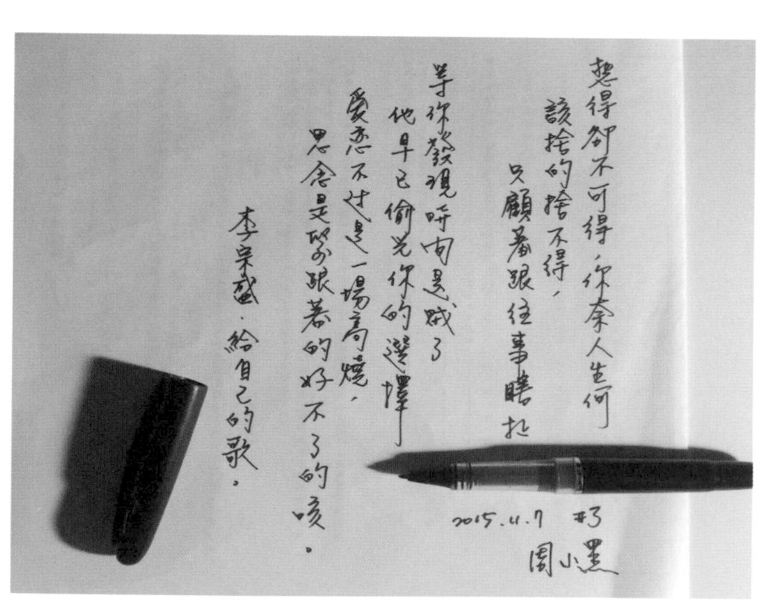

2015 年我第一次在寫字社團 PO 文，當時還以為自己的字很美。

範例2：這是我二〇一六年九月在粉絲頁出的作業「Before & After」，左右兩邊的字相差了十個月，看得出進步嗎？這中間我沒做什麼厲害的事，就只有練習。

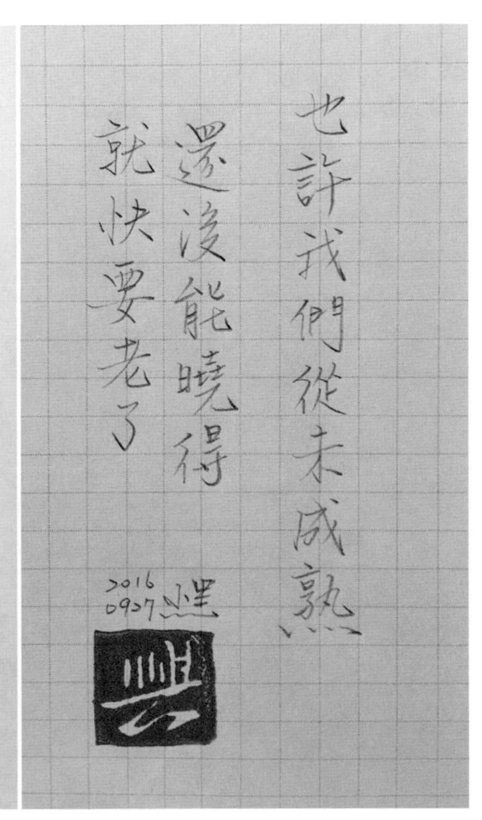

超級比一比：我練習十個月之後，Before and After 的成果。

範例3：這是一個國二的男生，練習了四個月之後的成果。這弟弟很可愛喔，本來只有他一個人在跟我練習寫字，後來他們全家都跟我練習寫字，哈哈。因為有天晚上十一點多，這孩子的爸爸發現，他兒子怎麼對著手機螢幕上的中年男子在傻笑，就過來關心他。原來，弟弟在看我的直播。沒想到這老爸也不阻止他，還一起掉進了寫字的這個坑。

有沒有進步很多？根本超多啊。我如果是他的老師同學，我一定嚇到閃尿。

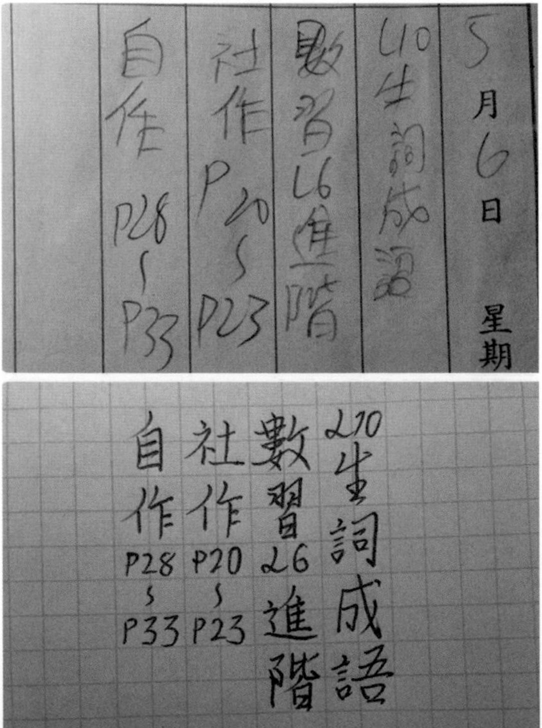

這位弟弟才練四個月，聯絡簿的字就完全不一樣了。

範例4：這位大姊，每天來我的直播報到，每天來聊天，把我的直播當作八點檔在看。可是叫她一起練字死不練，還跟我說她得了字癌！我活了四十年，第一次聽到這種病。看她練習半年之後差多少，而且她其中還有兩三個月在調整握筆姿勢喔！看到了嗎？不是只有我可以，大家都可以，沒有可能你不可以。

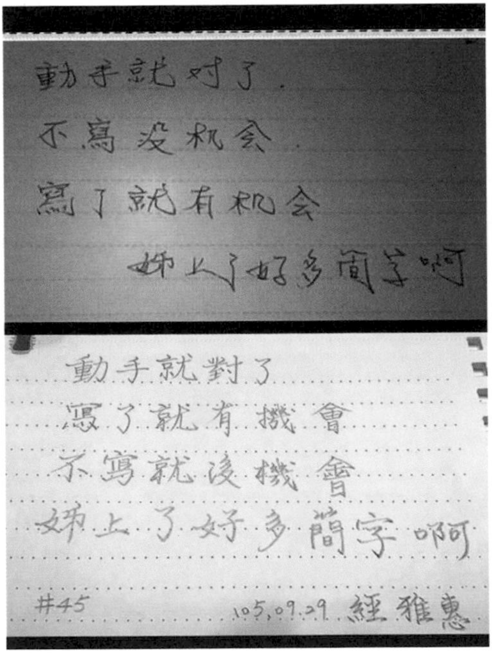

▌這位大姊之前不練習，還說自己得了字癌。

风吹雪片似花落
SCHMIDT
IRIDIUM

Lesson 02

好好唸書，不要學我

我總是登高一呼，就帶著全班上山下海。

我真的是一個樂觀的人，從學生時期就是這樣，可能跟我很理性也有關係。遇到事情，我總是能理性思考，轉換心情，然後設法解決問題。

不過學生的時候是有點快樂過頭啦，哈哈！我就是個壞孩子啊，我唸台北市的復興高中，在高中的時候，打球、打架、交女朋友、抽菸、吃檳榔、無照駕駛、飆車、打牌賭錢，什麼壞事都幹啊我。

也就是因為這麼快樂，所以大學聯考慘兮兮，畢業直接就去重考了，還好運氣不錯，隔年讓我到了世新大學的資管系。好不容易上了大學了，終於解脫了好嗎？怎麼可能沒有大玩特玩，我那時可是拼了命的在玩。

還記得那時我外宿在新店，總是登高一呼就帶著全班上山下海，舉辦班遊。沒事就來個烤肉趴，火鍋趴。不免俗的還一定要打工，打麻將，打球，打線上遊戲（那是一個56K撥接的年代啊，現在的小朋友有聽過數據機撥接的聲音嗎？）。

那幾年，學校教了我什麼，我真的沒印象了。我總是翹課去打撞球，到了要點名的時候，同學就會發call機給我，內文是「1234567」，就是點名的意思。到了要期中考或期末考，全靠同學罩我，我老是一拿到考卷就睡著，一直到他們寫完傳答案給我。

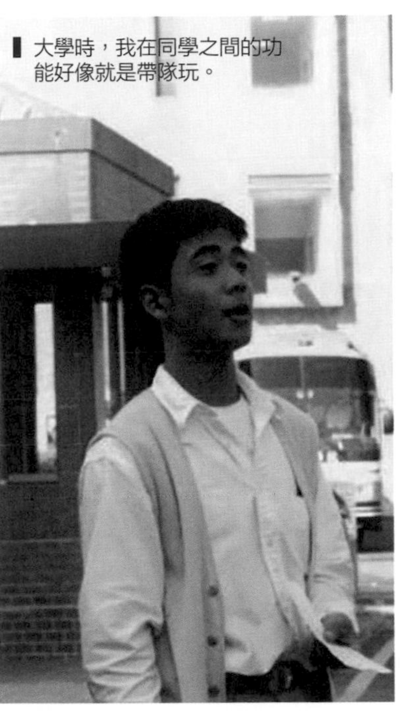
大學時，我在同學之間的功能好像就是帶隊玩。

我在同學之間的功能好像就是帶隊玩，帶隊吃。啊，對了，我還有一個強項，就是我的多媒體軟體玩的不錯。還記得有一年我們接觸了３D max，大家哀哀叫啊，沒幾個會用的。老師要求要大家交作業，作業就是做出一些3D模組，我那時根本就是人類的救星啊，全班的作業我做掉一半，風聲還傳到隔壁班，跑來請我幫忙。噗，可以啊，怎麼不可以，收錢，哈哈哈哈！接著風聲又傳到夜間部，又要叫我幫忙，可以啊，怎麼不可以，收兩倍的錢。還記得那時莫名其妙這樣削了一波，這個算是意外之財啦。

比較正常的收入，除了打工之外，我那時還幫人家組電腦賺錢。但老實說我是不會組電腦的，所以我去光華商場找東西，開報價單，然後賺價差。假設賺三千好了，我就花五百塊請我同學組起來，然後灌到好這樣，我賺兩千五，他也開心，我也開心，多好，噗。

■

總之大學給我的印象就這些，都不是什麼有營養的好事啦。哈哈。也正是因為這樣，四年之後，我的同學們都畢業了，而我，歡送他們離去，接著留下來繼續念我的五年級……

會不會是因為我到大四我才發現我超愛讀書啊？所以才會又留下來多念一年？

院長開藥單：破除工具迷思

一定要用什麼樣的筆，才能寫出漂亮的字嗎？

剛剛說過了，如果你有買到這種筆，拜託，報一下，不要自己偷偷用。工具只是手的延伸，手則是心的延伸。

■

假設寫字可以評分，一個八十分的字，用對了工具，用了好的表現方式，是會加分的。但是使用不熟練的筆或是紙，當然是會扣分的。但是不管怎麼加，怎麼扣，都不會離原來的八十分太遠。

換句話說，字寫得好，基本上用什麼工具去表現都不至於太差。反之，一個只有十分的字，會因為使用了什麼工具，讓這個字變成八十分嗎？不會。不管怎麼加，怎麼扣，也是不會離原來的十分太遠。

字是字，工具是工具。

很好的字，用什麼工具寫沒差啦，都會是美字；很慘的字，用什麼工具寫，有差嗎？應該也沒啥差吧。

以下告訴你我練習的工具：

【筆】

❶ 鉛筆

這是我最推薦拿來練字的筆。便宜，容易取得，筆芯有軟筆的特性（因為會隨著書寫而磨損變形），沒有組裝不好的問題（對於練習控制筆很有幫助）。

買筆的時候請買六角形的筆桿，其次是三角形。這兩種形狀讓你的指頭在握筆時比較能平貼於筆桿上。筆芯則推薦使用ＨＢ，或是Ｈ即可。

很多人看到我用鉛筆寫字的影片，以為我是拿畫素描在用的鉛筆，或是６Ｂ以上的鉛筆，才能做出那些筆幅。其實一開始就拿軟筆芯來寫字，是很不利於練習的。試著想想看，我今天拿ＨＢ的鉛筆做三千字的練習，跟你拿６Ｂ的鉛筆做三千字的練習，誰會削鉛筆削到死？這就是我為什麼推薦用ＨＢ的筆芯練習的原因。

至於筆幅，只要你知道怎麼控制你的手，基本上就跟你筆芯的軟硬關係不大了。

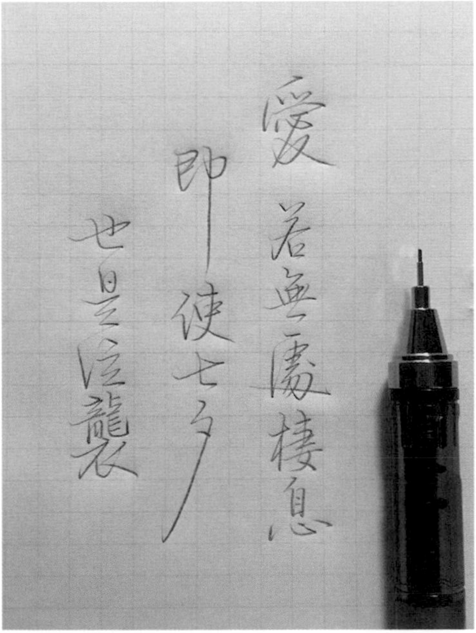

自動鉛筆也是好工具。不用嗎？

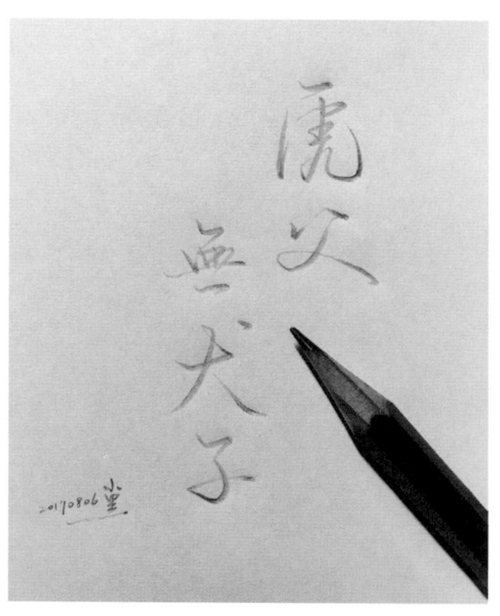

建議選用六角型的鉛筆，方便握筆。

HB 的鉛筆最適合練字。

❷原子筆

原因跟鉛筆一樣，便宜，容易取得，而且是日常生活中經常使用的筆。但比起鉛筆，它相對來說比較滑溜，所以比較難控制，需要比較長的時間練習。

我自己經常使用的是SKB202秘書原子筆，這是0.7的油性筆芯，喜歡用的原因主要是因為它的設計有上下蓋，都是可以旋緊的，這很有利於穩定筆芯位置，對於練習控制書寫的力道，有較大的幫助。

這種原子筆有上下蓋，可以旋緊，因此筆芯相當穩定。

至於傳說中，院長的原子筆一定是特製的，要寫之前筆尖一定拿打火機烤過，所以出墨量比較大，這樣的傳言，我只能說，大家的想像力都太豐富了，千萬不要就傻傻的相信。有來上過我課的同學就知道，大家都是一樣的，哈哈！

工具是無辜的。問題在於手。

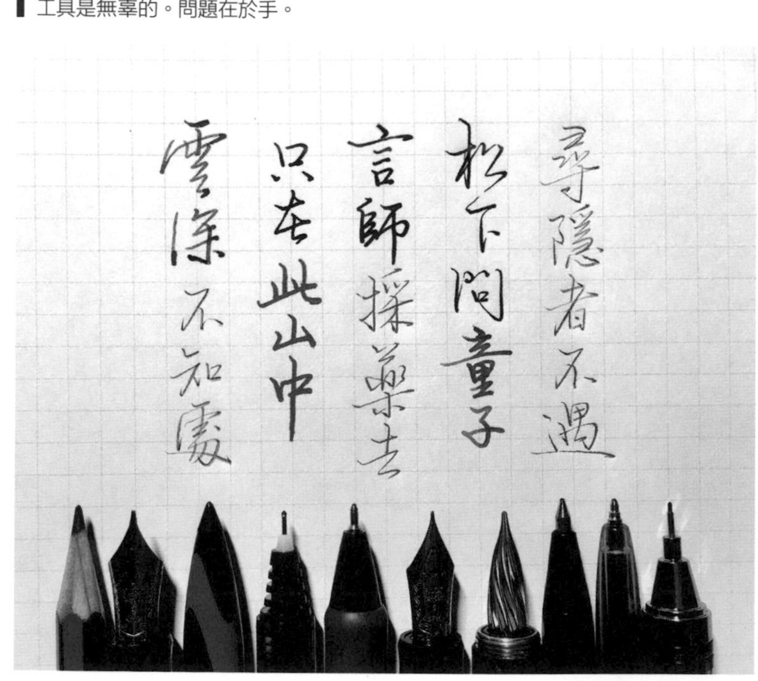

【紙】

剛開始請務必使用格線紙來練習，透過格線的練習會有幾個好處：

❶ 調整字的大小。寫字的時候，有大有小，不是什麼壞事，反而更可以增加句子的豐富性。但是這邊說的有大有小，是「受控的有大有小」，而不是不受控制的有大有小。

在我們還不知道怎麼去分配字的大小時，第一個步驟要做的練習，就是先要能把它們調整得一樣大。

▌衛生紙不能寫嗎？

❷ 在你對照字帖練字時，透過格線，比較能快速、準確的抓到範本上面的位置。這對於修正字型來說，是讓你比較輕鬆的方式。

❸ 透過格線，可以開始逐字去瞭解它們的中心線將會落在哪個地方。如果只寫一個字，這時將感覺不到中心線的重要性。但是如果要寫一整排字的時候，那就不一樣了。所以就算能把單獨的、個別的十個字寫得漂漂亮亮的，也不代表這十個字組在一起的時候，就會變成一個漂亮的句子，就是這個道理。

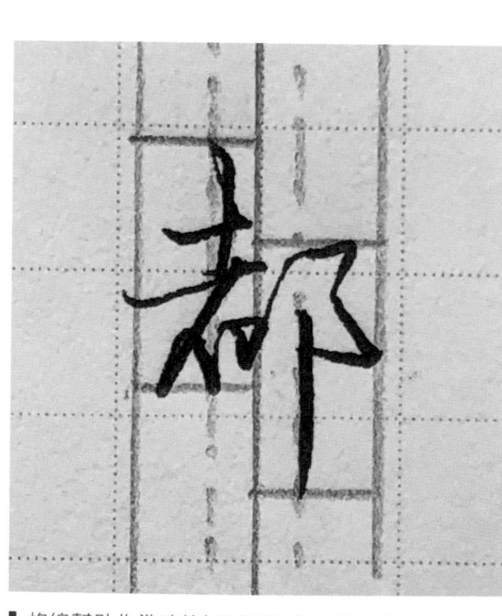

▌格線幫助你準確的抓到字的中心線及部件之間的位置。

【字帖】

這個年代，字帖滿天飛啊！

所以要買字帖前，請先務必做過功課，不要因為某本字帖有送筆、有送什麼毛你就買了。

最少最少你要知道是誰寫的，你要看過這個人的字，而且一定要喜歡這個人的字，你才去買來看、買來學、買來寫。不然買了一個大師的字，結果你根本不喜歡這樣的字，然後你還每天要去模仿你不喜歡的字，你的人生會變得好痛苦。

另外３C時代，推個app，「雲章書法字典」。這個的好處是，遇到什麼字，就輸進去查一查，看看歷世歷代不同的書法家們怎麼寫這個字，篆隸楷行草都有範本，是我非常愛用的app，可以抓下來試試看。

免費的app雲章書法字典，當中有許多書法家的範本，可用單字去查詢。非常方便。

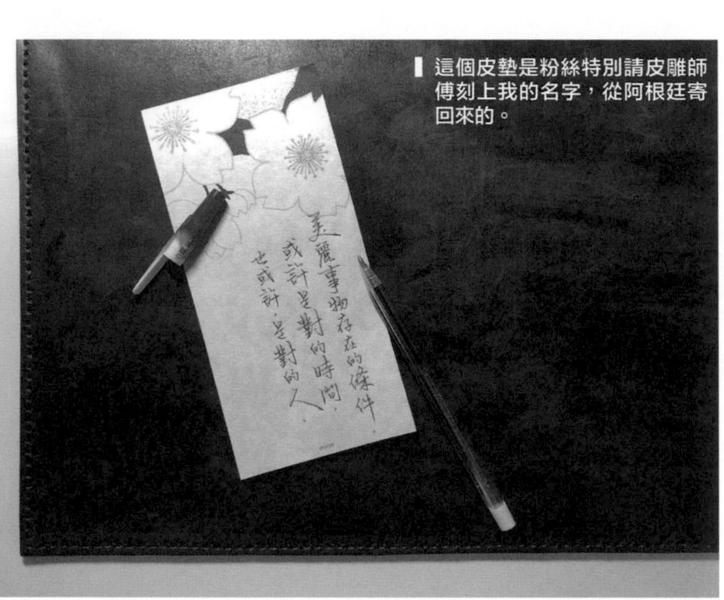

這個皮墊是粉絲特別請皮雕師傅刻上我的名字，從阿根廷寄回來的。

【墊子】

由於是使用硬筆的關係，所以在紙張下面墊張墊子可以讓書寫變得比較輕鬆舒服，回饋感比較好。我經常使用的是皮墊子。去哪生？如果你一定要墊皮墊的話，找賣沙發的、做皮件的，他們會有很多這樣的碎料，那就很好用了。

除了皮墊，也可以墊眼鏡布、滑鼠墊、軟墊版、衛生紙。最簡單的就是我們在練習時，會產生很多的廢紙，就可以拿來墊了。

至於有些人說，「一定在紙下面墊東西，才能寫出輕重粗細」這樣的說法，我個人是嗤之以鼻。要讓你用硬筆寫的字能呈現出毛筆一般的輕重粗細，重點不在使用多有彈性的筆尖、墊多軟的墊子，重點還是手的控制。

我至少有拍過三個不墊東西、使用原子筆和普通的格線紙，還是能寫出輕重粗細的影片。有興趣可以去找找。

■

總的來說，還是老話一句：字是字，工具是工具。

如果你的重點是要把「字」練好，那我講的這幾個工具夠用了。別再被那些廣告拐拐去了。

風吹雪片似花落
SCHMIDT IRIDIUM

Lesson
03
百發百中龍爪手

我念了五年的大學，總算也是畢了業，接下來就不加思索的，很快的當兵去了。我是海軍啊，想到當海軍就覺得很美好，你們懂的，海軍的制服帥到一個爆炸，配我是不是很剛好，嘖嘖。

老實說，我從來不知道，我竟然會這麼樣的適應軍中的生活。感覺吃得飽，睡得好，有人叫你起床，有人趕你睡覺，不用說話，只要聽話，不用想要怎麼回答，只要回答「報告是！」腦袋瓜大部分的時間，幾乎都在休息啊。除了每天操體能，好像也沒什麼好煩惱的。

說到操體能，很多人都說，當兵是一件很浪費時間的事，我倒不是這樣想的。有人操你，你大可好好的利用這兩年的時間，讓自己的體魄變得更強壯，心肺功能變得更好，活動力變得更強，有什麼不好？而且國家還付錢拜託你練身體耶，到底是哪裡浪費時間啦？

總之我進了軍中之後，就是一個舒服的感覺，沒有一點點的適應不良啊。還記得我因為那時食量大，新兵進去沒幾天就被班長叫到最前面的士官桌，去坐在他旁邊吃飯；也就因為吃飯，跟班長也變得一下子熟絡起來，也真的是蠻投緣的，常常就寢後還被挖起來，到班長寢室去跟他抽菸聊天，然後改新兵的莒光作文簿。誰是新兵？就是我的同梯啊！誰改？我改。笑慘。

也剛好我們這一梯要選教育班長，班長就問我，有沒有興趣去受士官訓，然後繼續留在新兵訓練中心當教育班長。當然好啊。你知道嗎，新兵中心的班長寢室，四個人一間，一套衛浴，冷氣全年無休，薪水又領的比小兵多，有什麼不好啦，當然好啊！

既然已經有了這樣的打算，我就更認真的跑步，更認真的拉單槓，更認真的伏地挺身，為了士官訓而做準備。

我跟你說，這個世界沒有那麼好混！人算不如天算啦！本來我們前一梯的新兵已經選完「海軍水中爆破大隊」了（也就是海軍蛙人，要爬天堂路，要潛水拆水雷的）。沒想到，因為是由教官用「選」的，好巧不巧，某大官的兒子被選上了，於是他打了一通1985電話去投訴，他主張當兵就是要公平，用「選」的怎麼會公平，應該叫甲等體位的都出來抽籤吧。

也真的沒想到，這一通電話導致整梯的新兵選完都宣告取消，以示公平。然後，接下來就變成我們這一梯要用「抽籤」的方法，抽出甲等體位的人擔任海軍水中爆破大隊！

這下好啦，我們這梯甲等體位的哭哭。就抽唄。別的沒有，院長我抽籤真的很強，一抽就中，連備取都不用，直接就是正選，穩穩地被抓進去爆破隊。

到底什麼是「海軍水中爆破大隊」啊？大多數的人知道的蛙人，其實就是海軍陸戰隊兩棲偵搜營，也就是電視上播過的陸戰蛙人。他們的訓練是十個星期，跑步游泳蛙人操，然後最後一週是克難週，爬完天堂路就結訓了。而海軍水中爆破大隊是「海軍蛙人」，前十週的訓練跟「陸戰蛙人」一樣，也是跑步游泳蛙人操，然後一樣要克難週，一樣要爬天堂路。但不同的是，我們爬完天堂路之後，還沒結訓，還有十週的潛水、救生、炸藥、野外求生、長跑等訓練，共要二十週才會結訓。這就是為什麼我很討厭人家誤會我是陸戰隊的兩棲偵搜營。拜託一下，我是「海軍水中爆破大隊」好嗎？

傳說中的天堂路，看過沒？

誰說不痛？明明就很痛！

不過，既然命運這樣安排，隨遇而安。反正我這兩年就是打算好好把身體練好，把體能操好。可以進入國軍最精銳的一支部隊，做最屌的訓練，有最好的教官，免錢的教練，強迫著你變強，正合我意。很多人想進還進不來咧，哼！（是說好像沒有這種人。）

不過就是一個蛙人訓練，不過就是克難週，不過就是天堂路，不過就是潛潛水，不過就是拆拆水雷，我不死身，沒在怕的啦。

山不轉路轉，境不轉心轉。我真的很開心能有這樣的機會，可以成為海軍水中爆破大隊的一員。只要結訓之後，我就是真正的蛙人了，我相信我做得到，一定會通過訓練的！

院長開藥單：使用硬筆的秘密

很多人對於使用硬筆寫字，可以寫出輕重粗細，可以寫出類似書法的模樣，感覺到很有興趣。去孤狗之後，你會發現網路上常告訴你可以用幾種方式，來達到這樣的效果。

第一個是筆。網路上常建議你去買鋼筆：買軟尖，買彈性尖，買書法尖，買多層尖，或者去買軟筆，也就是筆尖有彈性的，比較軟的。網路上會告訴你，透過這樣的筆，你可以比較好「往下施力」，讓筆幅變大，達到較有粗細的模樣。

第二個你會查到的，就是叫你寫字的時候要墊墊子。不論是皮墊、衛生紙、眼鏡布、滑鼠墊、報紙，總之就是告訴你要在你的紙下面，墊著東西，讓你比較容易「往下施力」，讓筆幅變大，達到較有粗細的模樣。

「想讓筆幅變大，就得往下施力」的這種刻板印象，到底是從哪來的？嗯，就是書法，就是毛筆。大家都看過毛筆寫字吧，提捺提捺，你需要讓筆畫變粗時，就是把毛筆「往下施力」，讓毛張開，筆畫自然就粗了。所以使用硬筆的時候，就衍生出了上述兩種可以讓你「往下施力」的方式。

來，聽我講完。

你有沒有想過，如果你今天只是用普通的原子筆，普通的紙張，沒有墊子，只有桌子時（以上描述的，才是一般最常遇到的寫字狀況吧。最好你每天出去都帶著墊子啦！），這時又要如何才能做出粗輕重粗細呢？還在「往下施力」？你用的是沒有彈性的原子筆，下面是硬梆梆的桌子啊，往下是沒有空間的，你用力只會讓筆斷掉，讓紙破掉罷了。

沒有往下的空間，怎麼辦？

答案不就呼之欲出了嗎？沒錯，就是往上發展。

真的不用借助任何的工具。最棒的工具，就是你自己的手。你要做的是去習慣：**用平常寫字的百分之七十的力道去寫字**，輕握，輕寫，讓你的筆尖接觸紙面時，維持在較高的位置。去練習，去習慣這種力道。

如果你已經習慣用原本百分之七十的控筆力道在寫字，當你需要較大的筆幅時，你要做的，只是恢復到一般書寫的力道，也就是百分之一百的力道。在這百分之七十到百分之一百之間，就是最自然、不需要借助輔助工具、最原始的筆幅了。當你能習慣這樣的書寫方式之後，使用什麼樣的筆，要不要用軟墊，還會是問題嗎？

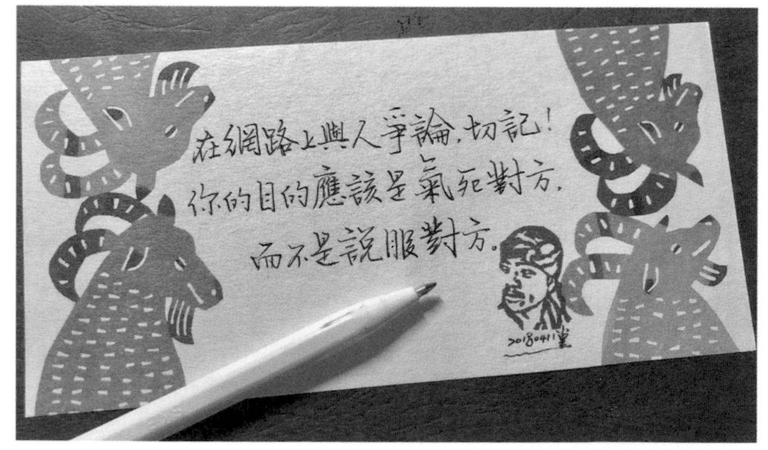

▌練習用比較輕的力道寫硬筆字，才是做出筆幅變化的正解。

這才是正確的解決之道。

習慣輕握輕寫，除了能讓你更能輕鬆、不受限地做出筆畫的輕重粗細之外，還有很多好處。舉個例子，試想，你用力的握筆，用力的寫字，而偏偏這時還有人教你要用力的壓筆；跟我相比，我輕握輕寫。此時我們誰寫字會比較輕鬆，誰的手比較不會酸，誰能寫得比較久，誰的練習量能比較大，那自然就影響到誰進步比較快了。不是嗎？

輕握輕寫，練習量才會大。

所以對於我而言，**輕握輕寫這件事，就是使用硬筆的最重要核心。**只要你能做到，那在工具使用上，絕對是對你有極大的幫助。

那要怎樣才能做到？「練習」啊，不然咧。

網路上資訊很多，資源也很多。但真的要多方面去涉獵，大量的去搜集，然後綜合這些資訊，再去過濾出對自己有益的部分。說真的，我每次看到一堆教人家壓筆的影片，我真的受不了，害死人，看得我手都痠了。

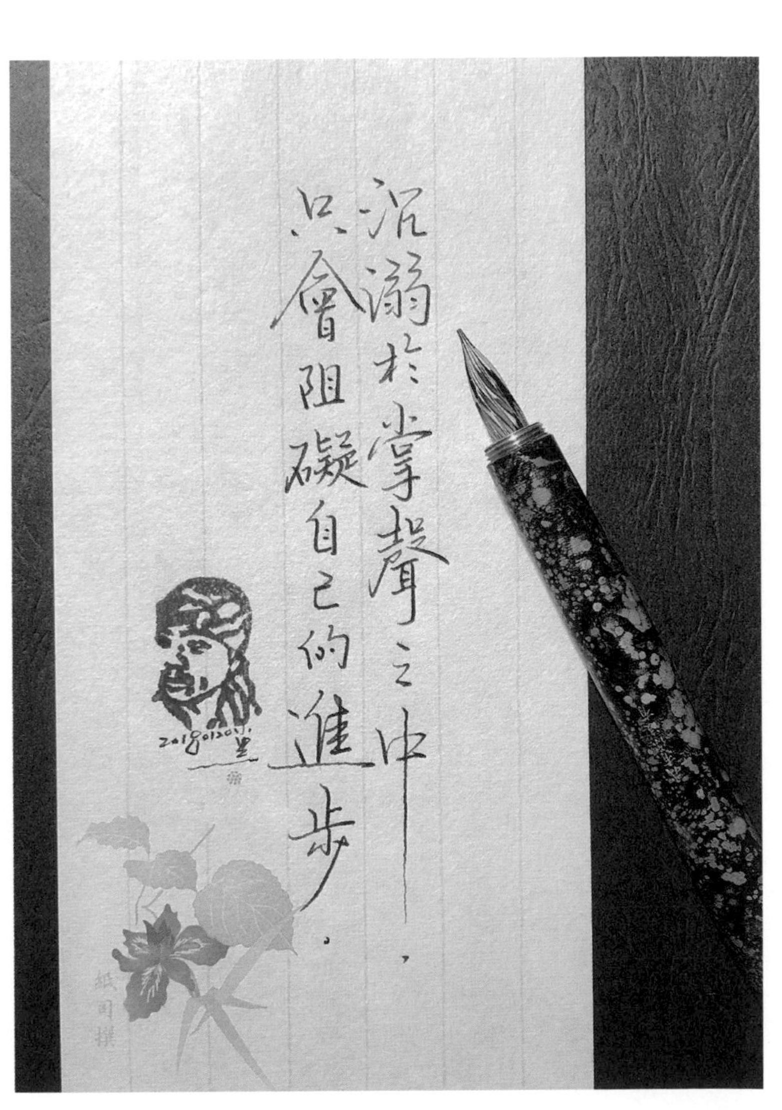
沉溺於掌聲之中——，
只會阻礙自己的進步。

風吹雪片似花落

Lesson 04

你睡過墳墓嗎？

寒流的游泳池，冷到真的難以想像。

院長我的運氣真的不是普通的好。我是八月底入伍的，等到過了新兵訓練，被抓進爆破班受訓時，已經是十月中的事情了。在這個季節受訓的學員，就是所謂的「冬蛙」。

還記得我們受訓到了末期，快接近克難週之前，三天兩頭就寒流來襲。海邊的冬天，寒流罩頂，凌晨五點，天空還是一片黑，你們能想像這個時間的游泳池有多恐怖嗎？早上最恐怖的晨訓，就是著泳褲集合，然後跳游泳池。那時才知道，「冷」比「累」更恐怖，更能消耗掉一個人的意志力。

聽到教官「嗶！」一聲哨音，就是跳下水，捷式，往前衝！下水之後，如果叫我們一直游也就算了，但恐怖的是，五十公尺到對岸之後，我們就上岸。嗶！換另一邊的同學跳水，往對岸衝過去。

上岸之後的我們，就站在游泳池的跳台上等待，然後一身溼，讓海邊刺骨的寒風，一陣一陣的往身上招呼。直到那時候，我才知道什麼叫做「發抖」，那種抖的幅度，真的跟抽搐沒什麼兩樣。現在想到那個畫面，講真的，還是餘悸猶存。抖到身上的水又被風吹得半乾了，這時對面的同學也游到我們這邊了，接著又是「嗶！」一聲哨音，對，又該我們跳水了，X！

除了對「冷」的印象很深之外，記憶最深刻的絕對就是「克難週」了（又叫地獄週）。那是一個六天五夜不能睡覺的訓練，喔，不是只讓你不睡覺，而是不斷地操課，然後每兩個小時休息十分鐘，接著又進行下一個科目。

還記得其中一天半夜，我們在碼頭邊的大操場，大家又冷又累。教官在這一堂課給了我們一個競賽項目：所有受訓學員排成一個方陣，往前走十步！來，脫掉右腳的鞋子。接著再往前走十步！來，再脫掉右邊的鞋。對，你應該可以想像得到，接下來就是脫襪子、褲子、衣服、鋼盔、槳，最後，三十個男人，在大操場上，光溜溜的，還排著整整齊齊的隊伍。

然後「嗶！」一聲哨音，看哪一艇可以最快著裝完畢（我們分成四個隊伍，是以橡皮艇為單位，所以是四個艇在競賽），則該艇的成員就可以先休息喝水。你知道的，休息喝水才是重點啦。每個人身上穿回來的鞋一大一小，襪子也不是自己的，褲子也不是自己的，都不管了，先穿起來再說啦！

真的有夠變態，我到現在還保存著大家都沒穿褲子在大操場操課的照片（助教在克難週側拍），萬鳥齊飛啊！礙於尺度就不放在書裡了。

■

你睡過墳墓嗎？其中一天在夜裡，操課項目是膽識訓練。那天晚上助教帶我們到高雄的覆鼎金公墓，先是在那邊佈置了一個靈堂，然後把燈全關了，大門也闔上，在廳堂的正中央擺了一具屍體，然後用很大

▌這是蛙人必經的枕木運動。

一塊白布覆蓋著，要我們一個一個摸進去，撿地上的銀紙，銀紙上面有寫分數，越靠近屍體頭部的，分數就越高。你撿的分數越高，除了能幫助你的隊伍得到比較多的分數之外，你完成任務之後，教官還會幫你安排比較大的墳墓讓你窩著休息一會。

雖然明明知道那屍體一定是假的，但是在那個長時間沒睡覺的精神狀態，以及那個場景之下，說不怕是騙人的。我硬著頭皮摸進去，我是艇長啊，怎麼可以漏氣。暗摸摸的跪在地上爬，慢慢地摸，硬是要拿「屍體」頭部附近的銀紙。教官他們派出可惡的學長們，穿著黑衣服，偷偷地躲在那個靈堂裡面，趁我們在裡面很緊張的時候，就在旁邊丟東西，或是發出一些零零碎碎的小聲音來嚇你，真的真的很煩。

不過我也是不負艇長之名，拿了一個一百分的銀紙出來交功課！太好了，總算可以好好的休息一會兒了，至少可以休息到其他同學做完這個科目。一百分耶，助教帶我到一個真的很大門的墳墓前庭，告訴我可以在這邊休息一下。

你們也知道，越大門的墳墓，代表這個家庭越有錢；越有錢的家庭，墓碑上一定會貼有亡者的照片，於是就這樣我看著她，她也看著我（我印象很深那照片上是位女士）。我也都沒有休息，直到最後一個同學做完，才被帶下山集合。

除了體能的操課之外，像是以上提到的這種奇奇怪怪的操課，非常多啊，無非就是想打擊你的意志力，讓你擋不住睡意的來襲。你知道的，總是會有人撐不住累，會睡著的。太好了，有人睡著，喜歡睡是吧？那就大家下海去睡。動不動就是都下海去，一個接著一個，一個拉著一個，想睡你就給我這樣漂在海裡睡！

很冷耶，會感冒吧？

嘿，對，我以前也是這樣想的！雖然冷得要死，冷得很賭藍，冷得沒有求生意志，但是真的沒有人感冒。我後來才知道，感冒還得有病菌才行，嘖！就是不會感冒，很煩。

■

在克難週這樣的過程中，其實你是可以自行選擇放棄的。在我們訓練的廣場中，有一面大大的鑼，就掛在樹上，只要你撐不下去，你就去敲鑼，你就下課了，你就輕鬆了，你就可以去洗熱水澡，你就可以好好的睡覺了。

但是，將來你一定會一輩子都在後悔，後悔當初為什麼要放棄。

在訓練的期間，不管再累再冷再辛苦，我從來沒想過要「放棄」。在我的這些同學裡面，我不是跑最遠的，也不是游最快的，單槓不是拉最多的，體能也不是最好的。但是我知道，我唯一能做的就是堅持下去，堅持到底，永遠不能放棄。

堅持是一種非常非常強大的力量。而堅持是一種選擇，不是一種天賦。只要你願意，你就能做到「堅持」。

堅持這兩個字，也成就了我後來出了社會之後完成的許多事。

院長（左）也曾經瘦過。

這真的是我在這一段軍旅生涯中，最大最大的收穫。

寫字不也一樣嗎？

你要做的事情，其實不多，也不難，但最重要的是，你要「堅持」。堅持每天拿出一段時間，每天練習，每天寫，每天去做跟進步有關的事。

日積月累，滴水也能穿石的。

這樣一點一滴地堅持，累積起來的力量真的真的很可怕！

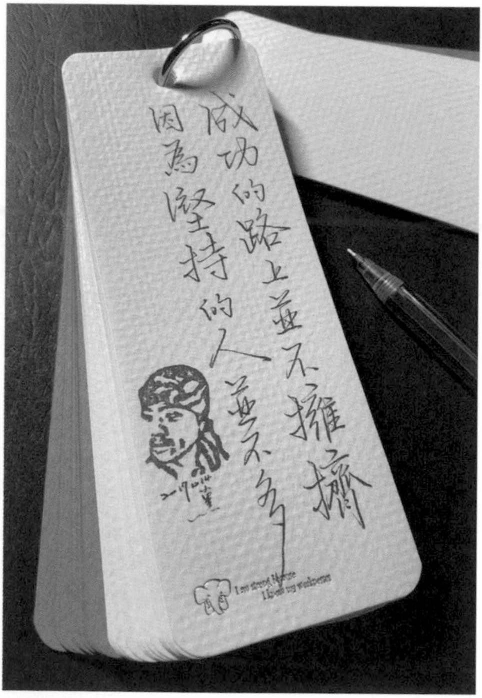

堅持進步！

院長開藥單：我是怎麼看字帖的

如果要練習寫字的話，最快的方式就是模仿古人的字，書法家的字，或是很多寫字名師的字。（額外強調一點，不要模仿院長的字啦，去找一些正經的老師來模仿，字寫得真的厲害的老師非常多。要不就是多看古帖，多臨摹也會比模仿院長的字好得多啦！）

但是，很多人常常覺得，自己一筆一畫寫得都很像字帖啊，可是等到寫完整個字的時候，就是兩個樣。到底是要怎麼看字帖，才能比較快速的抓到樣子呢？

在解答之前，我先告訴你一個觀念！

所謂的手寫，不是印刷，不是絕對位置，而是相對位置。寫字的時候，是一筆接著一筆去寫的，所以你後面的筆畫，一定得參照前面筆畫的位置去調整，而不是每個筆畫自顧自地寫。你一定要先有這樣的想法，這樣在看字帖、在臨摹的時候，才比較容易進入狀況。

我看別人寫的字，會看這五個地方：

形狀：形狀是這個字的大框框，接著是哪一筆比哪一筆高？這一筆又該從哪邊開始寫起？這是許多人剛開始看字帖時，會面臨的最大問題。**我看的方式很簡單，就是畫線。**

在字帖上畫線時，用比較前面的筆畫作為基準線，畫出線來，讓後面的比較容易有一個參考的位置可循。劃線這個方法是挺蠢的啦，但我剛開始練字的時候，畫了起碼八個月的線。這個方法讓我比較快速抓到字的形狀，還有筆畫的相對位置。透過大量畫線的練習，時間久了之後，很多字帖我只要一看，很快就能知道這個字是怎麼寫的，跟我寫的有什麼地方不同，然後加以修正調整。

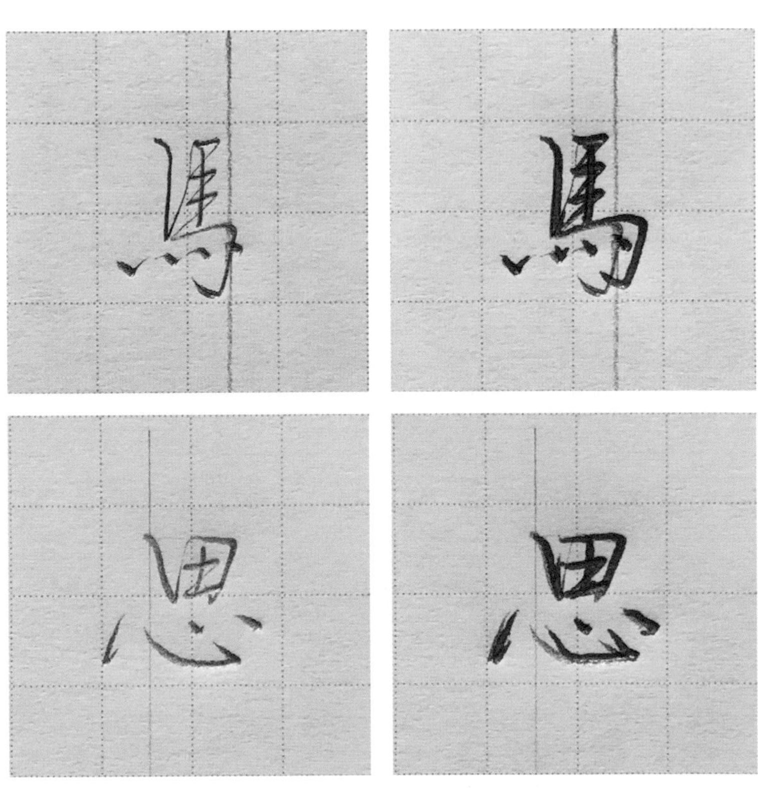

比比看這兩組字，畫線之後就可以把它們的形狀差異看得很清楚。

筆順：為了讓字寫得更快速流暢，更符合方向的邏輯，很多字並不會參照教育部規定的筆順去書寫，而是去參考古人字帖的筆順來書寫。再者，不相同的筆順，也很難寫出一模一樣的字。所以除了看形狀之外，也要觀察字帖上的字書寫時的筆順，這一點非常非常重要！

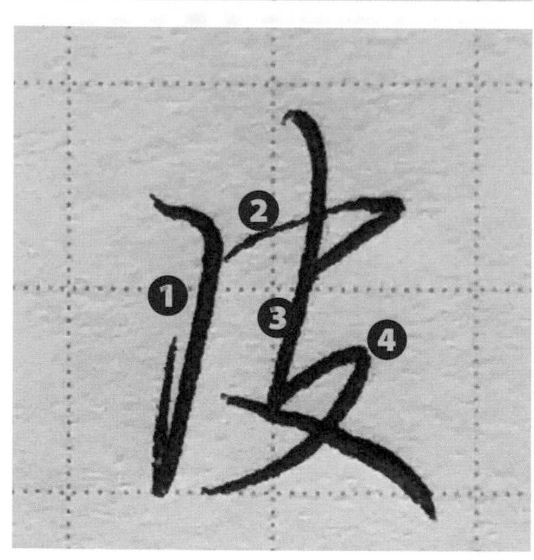

▌這兩個字的筆順，跟你寫的有一樣嗎？

主筆：主筆大概是最容易達成的一件事。但是如果沒有經常在練習寫字的人，卻會常常忽略了這個能讓你的字一下就變得比較好看的事。觀察字帖的主筆，大多是怎樣安排的。可以的話，你也可以將主筆安排進寫的字裡。

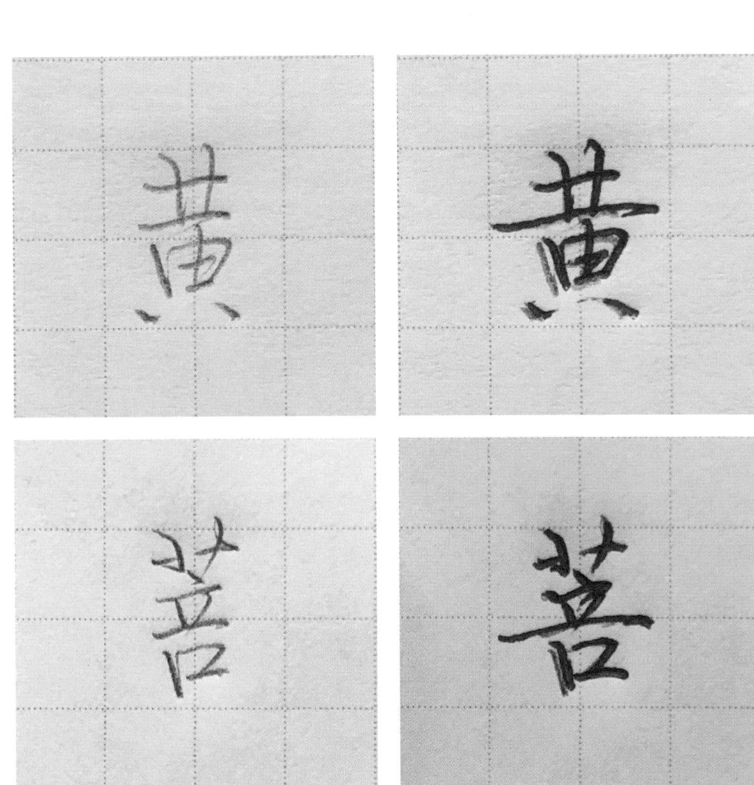

有主筆跟沒主筆就差這麼多。

平衡：對我而言，平衡兩個字涵蓋的範圍其實很大，所以很難用三言兩語就解釋得清楚。除了筆畫的平衡，比例的平衡、句子裡字的大小的平衡、輕重的平衡等，都包涵在這兩個字裡面。所以在看字帖，在練習時，一定要把這兩個字放在心裡，然後嘗試去平衡你寫的字和你寫的句子。

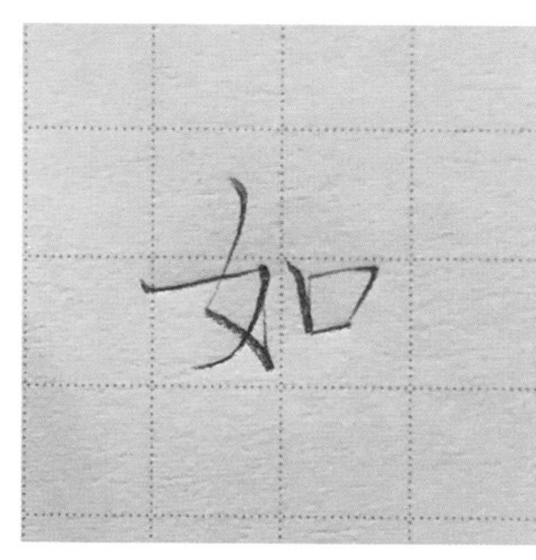

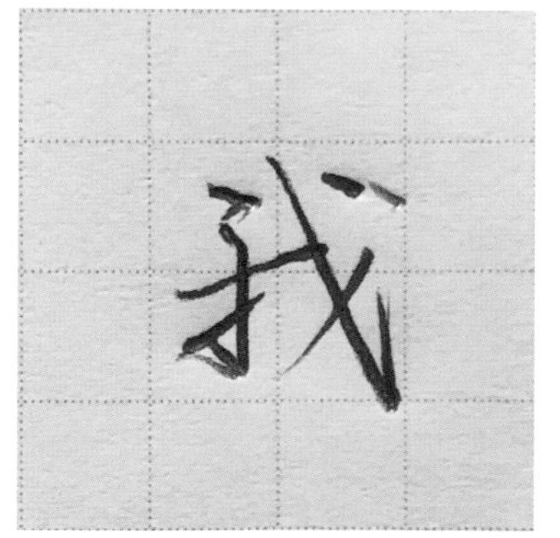

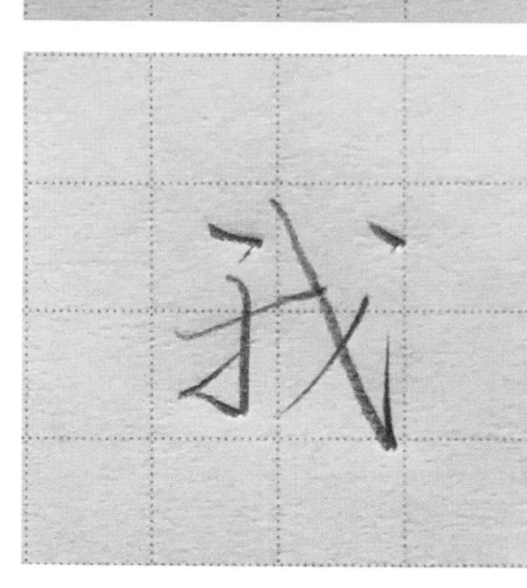

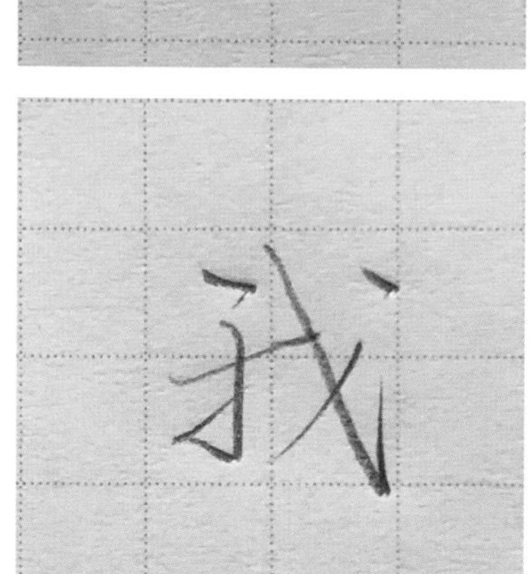

▍其實字有沒有平衡，就差這一點點。

我們常常不是字的形狀不好，不是筆順不好，而是在最後的一筆，或是一個點，忽略了；或許長了點，短了點，高了點，低了點，都足以把寫得好好的一個字搞丟。

所以心裡一定要記得平衡這兩個字！

中心線（比例配置）：中文字很多都是各種部件組合而成的字，所以觀察字帖上的字是怎麼做比例分配的，也是大重點。哪邊大哪邊小，中心線會出現在這個字的哪個位置，都是觀察的重點。

尤其是中心線啊！中文字經常的書寫方式都是以直線為主，看得懂中心線，知道怎麼對

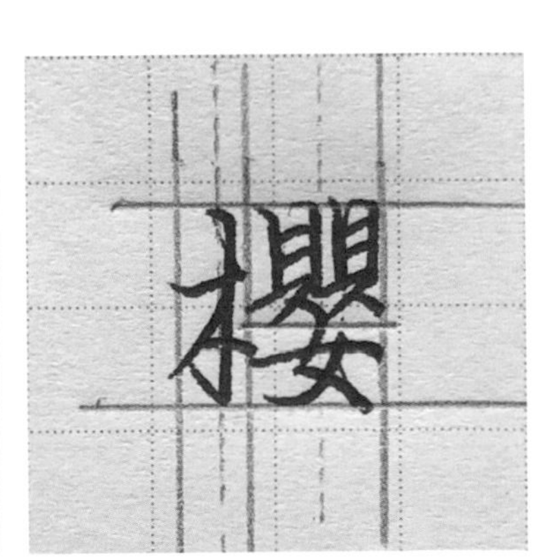

▍用畫線的方法就可以很容易看出這個字的比例分配關係。

準，將來寫一句話、一篇文章時，才不會變成每個字分開看都美，排在一起的時候，就像毛毛蟲，歪七扭八的。

我看字帖就是簡單看上述的五個點，供你參考。

想想你自己有沒有漏掉什麼了呢？

我告訴你
唯一的訣竅是練習，
你卻只想知道
不必練習的訣竅。
2018.0228 董

風吹雪片似花落
月照冰文如鏡破
SCHMIDT
IRIDIUM

Lesson

05

活著，真好

終於，我爬完了天堂路，受完了潛水、救生、炸藥的訓練，終於從小蝌蚪結訓變成真正的蛙人了，好驕傲啊！結訓的當下，真的覺得總算熬出頭了，接下來的軍旅生涯就可以好好的待在隊上，每天就是跑步，游泳，潛水，然後跟著獵雷艦出任務操演。

但是，故事如果這麼演，那你也就太低估老天爺了吧！這一梯進來爆破班受訓的，大概有四十幾個人，而最後結訓的，只剩下二十一個人。這二十一個人當中，還要抽出八個人到獵雷艦上去服役，成為一個「水械士官」，不能待在隊上。

這一支籤值多少錢，你知道嗎？我們受訓完之後，距離退伍大約還有一年。若是留在爆破隊上，一個月的薪水，大約是兩萬一千元（因為有爆破加給）；若被抽上獵雷艦之後的薪水，一個月只剩下一萬三。

一個月差了八千元。一年差多少？對，差了十萬，這支籤就值新台幣十萬元整。你知道，我們大家都受過一樣的訓，吃了一樣的苦，萬一被抽船上去，到退伍薪水竟然差這麼多，幹都幹死。

爆破班的日子。

剛剛提過了，院長什麼不行，抽籤我專門的，越少的籤越容易抽到，所以我又抽上船去了，開始了我的討海人生涯。

在海軍裡面，尤其是船上，學長學弟制是很重的，這點早有耳聞，所以身為一個剛上船的新鮮人，自然我就安安靜靜，盡量多觀察，少發言，不自找麻煩。

直到有一天站「梯口更」的時候（船在岸邊時，要上船時會有一個「梯口」，連接碼頭與船，並且會安排兩個人在梯口值更），跟我值更的一個聲納上士班長，無聊到跟我打鬧，玩到從後面勒住我的脖子。你也知道，我們受過訓的，下意識第一個動作就是拉手拉肩，直接就把他過肩摔了！

那位上士就這樣被我摔個鼻青臉腫，然後大翻臉，暴怒起來，想要找我麻煩。正好被其他軍官看到了，直接叫我們去找老闆（艦長）。我心裡滴咕著，這下死定了。一進去，那個上士就批哩啪啦的開始告我的狀。不料艦長聽完之後，反過來罵他一句：你就自己白目，你難道不知道人家是爆破隊出來的嗎？

艦長臭罵了我們兩個一頓，警告我們值更好好值，不要嬉鬧，然後就叫我們滾。從那天起我才知道，原來我這樣的兵科，在這個船上，是蠻受到愛護跟尊敬的！

老闆真的很疼我們。只要操演做得好，讓他有面子，他交辦的一些任務都能幫他完成的話，他是經常讓我放榮譽假的。

有一天下午就是這樣。我跟我的同梯，待在船上的水械室裡做事聊天的時候（水械室就是水械人員工作的地方，也是儲放裝備的地方，所以裡面有非常多的潛水裝備、浮囊、面鏡、蛙鞋、氣瓶等等），突然被老闆叫去，說船上的阿兵哥在操練的時候，把船上的一個工具掉到海裡去了。他要我們穿好裝備下去找。

那時候我們的獵雷艦停靠在碼頭邊，無風無浪，下海不是什麼問題。但比較棘手的是，在港內的海水非常非常的髒，港內的污泥、油、垃圾、菜渣等非常非常多。下去之後到海底，通常是髒到伸手不見五指，所以要慢慢用摸的。

老闆交辦，我們當然照做啊，趕緊穿了裝備，快點完成任務，說不定等等龍心大悅就又有假可以放了。我們在海底前後反覆搜索了幾十分鐘，摸過來又摸過去，怎樣就是一點線索都沒有。看著氣瓶也差不多了，無奈地上岸，報告老闆找不到，然後就趕緊清洗裝備，不然真的超級髒、超噁的。我和同梯把我們的潛水裝備清洗完畢之後，就到船下層的住艙浴室去梳洗了。

洗澡的時候，突然聽到「碰」的一聲，連船身都震動了好大一下。我心裡想，這下輪機隊的人死定了，一定是有東西炸掉了。沒想到，有學弟衝進浴室大叫：學長學長，你們水械室爆炸了！

水械室爆了？怎麼可能？裡面又沒有炸藥！趕緊擦乾身體穿上衣服，上去水械室察看到底是什麼狀況！我一看，水械室還真的爆了，連尾部的木門都被炸到整個噴出去。爆炸的原因到底是什麼？嗯，原來是潛水的氣瓶，還是大支的、綽號黑金剛那種。推測原因是在長年的操練下，或許瓶身有遭受碰撞造成受損，然後生鏽。加上前一次使用完畢之後，可能忘了把瓶內的空氣洩乾淨，就這樣爆了。

爆炸的效果，就像一顆手榴彈一樣。鋼瓶爆開的銳利碎片，一片一片的插在水械室的牆壁上，情況慘不忍睹。

這時我突然驚覺：如果今天船上的工具沒有掉下海，如果老闆沒有叫我們下海去找，如果我們下去一下子就把工具找到了，那麼，那些碎片，應該不是插在牆上，而是插在我們和同梯兩人的身體上了。因為爆炸的那個鋼瓶，就儲放在我們兩人在水械室的座位的正後方，不到三十公分的位置！我想，死狀應該是會蠻淒慘的。

發生了這個意外之後，我大概有整整一個月的時間，進入水械室後，都待不到十分鐘就會離開。因為真的很可怕。就差這一點點，就當兵當到回不了家了。

經過軍中的這些訓練，這些小插曲，都讓我深深體會到，生命沒有什麼是理所當然的。光是能活著，就已經很需要感謝，感謝天感謝地，感謝身邊愛你的每一個人。記得「溫咖啡」的老闆說過，沒見過大風雨的人，就算遇到毛毛雨也可能會感冒。所以我到現在還很感謝我在軍中遇到的這一切，不僅訓練了我的體魄，更重要的是讓我有一顆堅毅的心。克難週我都能活下來了，還有什麼困難值得我抱怨、值得我哀哀叫的啦！

出社會後，遇到再多的不順遂，都是這些在軍中學到的堅毅精神，陪伴我度過難關。不要去抱怨你現在遇到的難關，要咬緊牙根，正面迎擊，**你現在遇到的所有困難，都是在為你的將來做準備。**提早練習，有備無患，不是嗎？

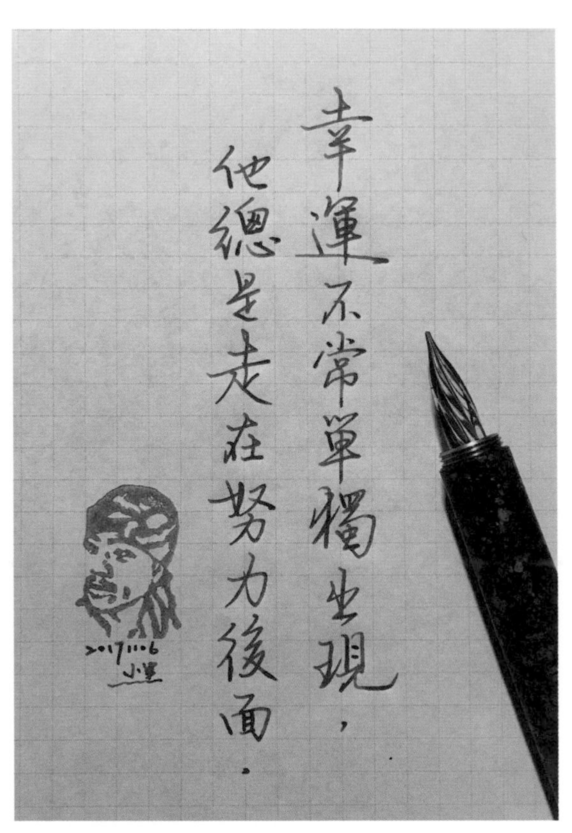

▌真的越努力才會越幸運。

院長開藥單：讓練習變得有系統

真的要練習的話，你會拿什麼樣的題材來練習呢？抄電話簿？抄經文？每天抄院長的垃圾話？或是抄網路上那些愛來愛去、無病呻吟的佳句呢？

我是這樣做的：**選擇一個「單一題材」，然後「逐字解決」，並且「搜集零件」**。這樣，可以讓我的練習變得很有系統。

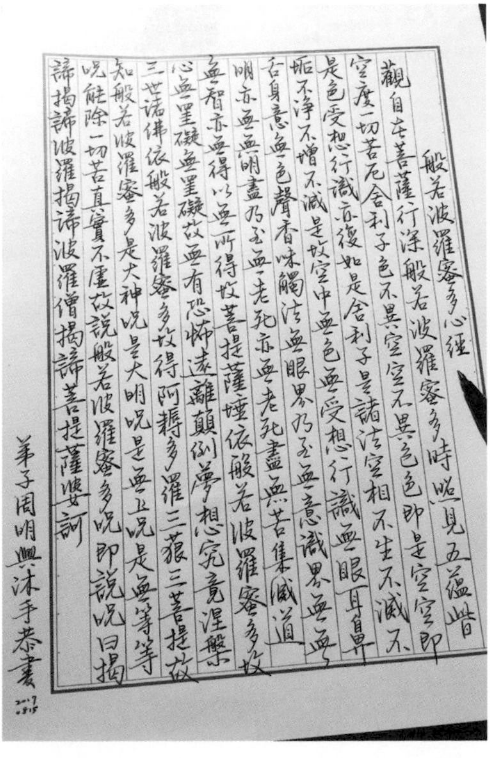

我使用單一題材《心經》進行系統化的練習。

單一題材：《心經》是我練習的第一個題材，總共有兩百六十個字，我的練習量是一天把《心經》書寫五次。所以光是寫《心經》，一天就會寫下一千三百個字。先不管進步速度如何，但最少最少，我強迫自己，養成每天寫這麼多字的習慣。

練習量真的很重要，以前我光《心經》每天至少抄五遍。

但是光是這樣漫無目的的寫，就像罰寫一樣，會進步嗎？你有曾經因為被老師罰寫然後字變美嗎？當然不會。所以除了單一題材反覆寫之外，還要做「逐字解決」的動作。

逐字解決：我今天要做的功課不是只有《心經》寫五次，我還要多做一件事，一天多解決五個字。《心經》的前五個字分別為「觀」、「自」、「在」、「菩」、「薩」。假設今天我第一天練習，我就會把這五個字當作目標，去網路查，去app字典查，去字帖查，看看別人是怎麼寫的，利用前一個章節提到的那些觀察字帖的方法，想辦法把它學下來，然後分別練習個兩百次。但不要忘記抄寫五次《心經》的功課，我還是會把它做完。

你可能會問，我今天查了五個字，剩下的兩百五十五個字呢？沒關係，就照你原本的方式寫吧，但要堅持著把它寫完，這就是我第一天做的功課。

第二天練習，我一樣要把《心經》寫五遍。但是試想一下，我今天在寫「觀」、「自」、「在」、「菩」、「薩」這五個字的時候，感覺會跟第一天一樣嗎？應該不太一樣了吧。

就算我的手還跟不上我的腦，還不能把這幾個字寫得超美，但透過昨天的查字典、觀察跟練習，至少我心裡有個底，會知道這五個字怎麼寫也許會比較美。對吧？

所以我今天的任務是什麼，你一定猜得出來吧？沒錯，就是除了《心經》寫五遍之外，接著再往下查五個字，再往下獨立練習這五個字，就這樣反覆反覆的操作，這就叫做「逐字解決」。這樣的方式，不但能維持你的練習量，也能促使你的字型進步，更不會讓自己落入只是罰寫的窘境。

搜集零件：如果你真的照我的進度，一天前進五個字，《心經》總共有兩百六十個字，那要幾天才能首度把全部的字都查完，練習完這份題材呢？兩百六十（總字數）除以五（每日查的字數），等於五十二（天），對嗎？

聰明的你應該已經想到了，根本不用五十二天！因為，裡面有重複的字。說得很好！除了重複的字，**更重要的是重複的零件**。中文字經常都是各個部件組成的，例如草字頭、人字旁、金字旁、火字旁，諸如此類的零件會經常出現。在你查一個字時，其實你同時已經在搜集這個字裡面各個零件的模樣了。

舉個例子來說，《心經》開頭的前五個字「觀」、「自」、「在」、「菩」、「薩」裡面，「菩」這個字上面就是一個草字頭。所以你在查字典的時候，你可能會查到幾種不同的草字頭的寫法，把它學起來。《心經》再往下，會遇到「五」、「蘊」、「皆」、「空」等幾個字，這時你練習「蘊」字時，學習的速度是不是變快了？為什麼？因為你已經做過草字頭的功課啦。此時你要解決的是「蘊」下面另外兩個部件的寫法，以及它們組合的方法。所以，這個字進步的速度自然比沒做過「菩」這個字的功課時更快！

般若波羅蜜多心經
觀自在菩薩行深般若波羅蜜多時照見五蘊皆空
度一切苦厄舍利子色不異空空不異色色即是空空即是
色受想行識亦復如是舍利子是諸法空相不生不滅不垢
不淨不增不減是故空中無色無受想行識無眼耳鼻舌身
意無色聲香味觸法無眼界乃至無意識界無無明亦
無無明盡乃至無老死亦無老死盡無苦集滅道無智亦
無無得以無所得故菩提薩埵依般若波羅蜜多故心無罣
礙無罣礙故無有恐怖遠離顛倒夢想究竟涅槃三世諸
佛依般若波羅蜜多故得阿耨多羅三藐三菩提故知般
若波羅蜜多是大神咒是大明咒是無上咒是無等等咒
能除一切苦真實不虛故說般若波羅蜜多咒即說咒曰
揭諦揭諦波羅揭諦波羅僧揭諦菩提薩婆訶
弟子周明煦沐手恭書
20170820董

▌第二行的「菩」和「蘊」字擁有共同的部件。

因此，《心經》這一份題材進步的速度像是這樣：一開始的一百個字、一百五十個字的進步速度很慢，你會查得很辛苦，練得很累。為什麼？因為你零件很少，組合次數很少，資料庫還是很空的，所以需要慢慢累積。

但你想想，過了一半之後，你的零件變多了，組合次數也變多了，你《心經》後半部的進步速度會跟前半部一樣嗎？不會，而是會越來越快、越來越快的。

如果這樣還不明顯，你可以再想想：如果《心經》的這兩百六十個字，對你來說已經沒有難字了，都知道怎麼寫，都會寫了，那你再開始挑戰第二份題材，此時解決的速度會跟第一份一樣嗎？當然不會。這時進步的速度絕對是天差地遠。

所以我建議，去找單一題材，然後逐字解決，並且搜集零件。這樣的方法，對你來說，不但是有系統、讓你循序漸進的進步，更可以讓你看得見你自己進步在哪。

你有看過院長幫粉絲寫名字的直播嗎？

如果我今天寫了一百個人的名字，每個名字都有兩個字，假設有兩百個字。你會覺得我這兩百個字，都是徹底練習過的嗎？當然不可能啊！但是為什麼我寫起來好像也就差不多十之八九，就是有那個樣子？答案很簡單，因為我零件很多，而且我組合起來的次數很多，自然寫出來的字差不了多少。

不要再東寫西寫了，一步一步、按部就班來吧！

風吹雪片似花落
月照冰文如鏡破

Lesson

06

一堂五百萬的課

退伍之後，不經世事的我，一心就想開間早餐店或是咖啡館，想自己當老闆，總覺得老北老木一定會資助我，讓我開店。不過，我的爸媽可沒有像我這麼傻。我什麼都不會，什麼都沒學過，貿然就把錢砸進去開店，基本上就是燒錢等死。這樣他們當然不贊同。他們告訴我，要開店自己去想辦法，去上班，去存錢，去學。

還好，真的很感謝他們沒有跟著我瞎起鬨，不然我今天就罪過了。

我出社會後的第一份工作是在銀行資訊處的機房上班，做的是ＯＰ的工作。這個工作要排班，會有大夜班，需要在公司顧到早上的那種。工作的內容很簡單，只要照著作業手冊執行批次檔，把報表印出來，不太需要動到大腦，照著程序做就行了，而且薪水看來還不錯咧，我一去就有四萬塊的薪水。

但是每天面對那些機器，做一些我五十歲也可以做的工作，雖然有錢，卻也真心地知道自己在浪費時間。這是我想做的嗎？這是我應該做的嗎？我不知道。但我知道我可以給自己規劃一段時間，然後多方涉獵，多去做嘗試。

仔細想想，我愛跟人接觸，與人聊天，我的個性也算開朗，應該會蠻適合做業務工作的。剛好有個朋友的老闆不久前開了一間行銷公司，做的是銀行放款的推動，透過他的介紹，我就進去了這間公司，這是我的第二份工作。

在那個時候，信用卡、現金卡、預借現金、信用貸款等等正火熱，我們公司是某信合社的外包業務單位，所以我們專門在替這間銀行招攬貸款業務。除了直接往來的客戶之外，我們另一個業務方式，就是去跟所謂的「代辦」公司合作，他們有適合的客戶，就會經過我們協助辦理貸款。

剛開始的幾個月，我真的真的很拼啊，每天騎著摩托車在大街小巷拜訪，勤跑客戶，勤跑通路。老天爺也對我很好，我記得我第一個月在這個公司領的薪水是四萬六千塊，從第二個月開始，就再也沒低於過十萬了。

進公司第三個月還是第四個月，我除了自己跑自己的業務之外，還帶了一個十人團隊，我一個月自己做的收入就差不多有十萬，而團隊帶給我的收入，也大約有十萬。在接下來的這一年之間，平均的月收入就大約是二十萬元。

我那時才二十六歲啊，我已經自己掏腰包，一個月花兩萬五請了專屬我的個人助理。有助理在公司撐著，幫我接電話，幫我處理文件作業，我要做的事情突然變得好輕鬆，一早九點進公司，把業務的案件都看過，然後蓋章送到銀行，大概忙到十一點，我就帶著整組人去吃午餐，經常都是我請客。吃完飯後，業務們就各自去拜訪客戶了。而我呢？我業績這麼多，做得很輕鬆啊，我下午的時間，不是在網咖就是在打撞球，再不就是在打牌賭錢。然後玩到下午五點多再回公司，看看助理今天整理起來的案件情況如何，就下班了。這是多愜意多快樂的生活啊！

還記得這樣的景況，大概持續了一年。在這期間我也交了個女友，很快的就討論到婚嫁，但前提是，她希望我先買房子。買房子有什麼問題！我一個月的收入就有二十萬，那時身上的存款將近兩百萬，買房子輕輕鬆鬆，輕而易舉啊！但是只有兩百萬的頭款，能買什麼樣的房子，我覺得不上不下的。我希望要存到更多的頭期款，才能有更好的選擇。

於是我將身上的錢拿去買股票，開始作各種投資，希望把錢放大。買股票，我又嫌它進展好慢喔！接著我就開始投入風險更高的期貨，期貨選擇權。

寫到這你應該可以想像到，後面的發展應該不會太樂觀了吧。沒錯，我根本看不懂啊，只是把錢當作賭博一樣的押下去。很快的，身上原本的兩百萬都沒了，因為我不懂啊。所以，我又再繼續借錢，再去貸款，再想要翻本。太好了，除了原本的那兩百萬沒了之外，我還負債了三百萬。那年，我才二十七歲。

更剛好的是，所謂的「雙卡效應」發威了，很多人借了現金卡，借了信貸，用了信用卡，結果都還不出來，跳了呆帳。銀行也不是傻瓜，一堆人借錢都不還，他們怎麼還會願意再借呢？所以所有的卡、信貸，同時間都呈現緊縮的狀態，也就是銀行不願意再借錢出去了。

銀行不借錢，那我哪有業績？沒有業績哪有收入？沒有收入哪有錢還債？怎麼跟女朋友交代？所以女朋友也掰了。我才二十七歲，就已經沒存款、沒收入，又負債幾百萬。怎麼辦？

還好有當兵這一段，留下一顆堅毅的心給我。

沒時間悲傷了，原本行銷公司的老闆收了這間公司，回到他的老本行房仲公司。我也跟著他，一起踏入房屋仲介的領域。

房仲這個工作是非常有趣、變化多端的。只要你承得住壓力，你真的真的可以在裡面學到非常多的行銷技巧，增加業務能力。這是一個讓人快速成長的工作，而且有機會可以得到高收入。但是把以上這一句話反過來說，也就是可能會沒收入。

剛開始當房仲的第一年，我很努力認真地跑啊！老天爺也留了幾口飯給我吃，感覺還挺順利的，成交了一些物件，也有些錢可以慢慢的去清償我的債務。但是劇本不會那麼簡單的啦！當然也沒有天天在過年的，我也曾經好幾個月都沒有成交，一點收入都沒有，就靠跟公司預支薪水，跟同事朋友借錢，挖東牆補西牆，慢慢的撐，慢慢的撐。

我還記得一個很好笑的畫面。有一個學弟剛進來公司，我帶他去看房子，讓他瞭解現在公司有什麼物件可以銷售。在回公司的路上，他說他餓了，但是身上沒帶錢，而我身上只剩七十五塊。我們就一人吃了一碗滷肉飯。吃完，他竟然還說要喝湯！喝你妹，喝什麼湯！你知道我身上只剩七十五塊嗎？沒有成交，沒有收入，沒有存款，負債兩三百萬，等一會兒還要想著去跟誰借錢！你還喝湯咧！

那時候的壓力真的真的很大，也讓我出現了十二指腸潰瘍，痛慘！白天身體就好好的，一到晚上啊，就是固定時間發作，半夜十二點過了，胃就開始作怪，痛到在床上翻來覆去，滾來滾去，根本沒辦法睡。然後說也奇怪，等到天色微微亮，它又好了。我當時根本不懂是那是十二指腸潰瘍，所以我常常在睡前就一口氣灌了幾大口的伏特加，然後試著讓自己昏睡過去。老實說，我真的不知道我當時是怎麼撐過那一段歲月的。

光這個十二指腸潰瘍，我就調整了快三年才慢慢恢復正常。一個慘字。

房仲這一行可以讓你快速成長，因為壓力真的超大。

做了五年之後，感覺沒什麼進展。雖然是撐住了，負債也有在下降，但是下降的速度很慢，一直就在借錢、還錢、沒錢這幾種狀況裡輪迴，所以心裡已經慢慢的萌生轉換跑道的念頭。

我想離開其實還有另一個原因。仲介這個業務工作的負面操作手法相對是比較多的，有太多奇奇怪怪的花招。你要面對的，不是只有單純的屋主跟買方。你還得對付同業，甚至你還得提防自己的同事。稍有閃失，你的案子可能就成交在別人手上了。也就是你可能好幾萬、十幾萬甚至幾十萬的收入飛了。除了業務上會有這種想法跑出來，在生活中，我也變得很容易產生負面想法，不容易信任他人，總覺得隨時有人會害我，想吃掉我的錢，想弄死我。

而這時候我也超過三十歲了。我開始想到，在當仲介的這個環境中，別人下班、休假的時間，就是我上班的時間。我現在孤單一人還可以，但將來如果我結婚了，我可不希望別人享受假日的時候，我卻沒有時間可以陪老婆小孩。

或許有人會說，想要賺錢，想要成功，就必須有所犧牲。可是對我來說，錢賺很多固然是一件重要的事，但如果得犧牲跟家人相處的時間來賺錢的話，這就不是我想要的成功了。

院長開藥單：
把時間都拿來進步，不要把時間拿來假裝練習。

催眠模式：如果你剛剛走上練字這條路，我給你一個建議，最好每天固定時間，在固定的位置上寫字。

寫字是一件非常需要靜心的事。如果你今天打算練習一個小時，但光是把心靜下來就花了半小時，剩下的三十分鐘，喝個水、上個廁所，看一下臉書、回個 Line，剩沒多少時間了。假如你還握筆太用力、寫字太用力，寫了幾個字後就發現中指的繭在痛了。好吧，那今天就練到這。

請問，這樣今天有達到「進步」的目的嗎？這樣練一萬年也不會進步的！

而每天「固定時間」、「固定位置」去做這件事，就像在催眠一樣，讓自己時間到了就坐在那個位置上，自然很快的進入靜心的狀態。

有意識的練習：當你在調整字的形狀時，請不要著急，你的重點是調整，不是罰寫。記得讓自己保持意識清醒。寫完第一個字，準備寫第二個字的時候，不要急著下筆。你該做的是先好好的觀察你寫的第一個字，看有哪裡跟字帖不一樣，哪裡需要調整，然後再下筆寫第二個字。這樣才能穩穩地往「把字變好看」的方向前進。所以在調整字型位置時，請保持意識！

當你實踐「輕握輕寫」的原理也是一樣。很多人常說，我寫一寫就又會忘記了，然後就又用力握用力寫了。這就叫失去意識，知道嗎？如果常常失去意識，一定要記得去大醫院檢查看看！

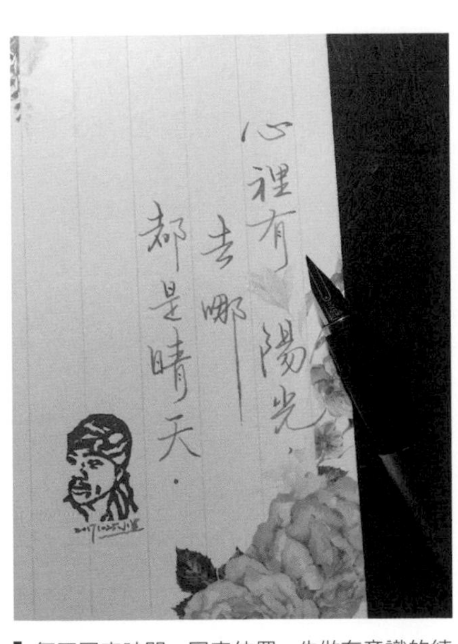

每天固定時間、固定位置，先做有意識的練習，再做無意識的練習。

無意識的練習：當你將你的字調整到好的位置、好的形狀之後，就成功了嗎？就可以休息了嗎？不！才剛要開始呢！

好不容易將字調到好位置時，請透過「無意識的練習」（有點類似罰寫），去把這些字的形狀、手感，好好的記在你的手上，而不是記在你的腦袋瓜裡。這個道理就像你在寫你自己的名字一樣，你應該不會還要逐字去想：自己名字裡的每個字該怎麼寫比較好、比較美吧？應該就像喝水一樣的自然，一個慣性就寫出來了，這個動作就叫記在你的手上。

所以，一定要練習。建議你**每天在固定時間、固定位置，先做「有意識的練習」，然後再做「無意識的練習」**，反覆地做，將練字融入你的生活中。

人 有時候很奇怪，
20171229董
互相想念，
卻愈走愈遠。

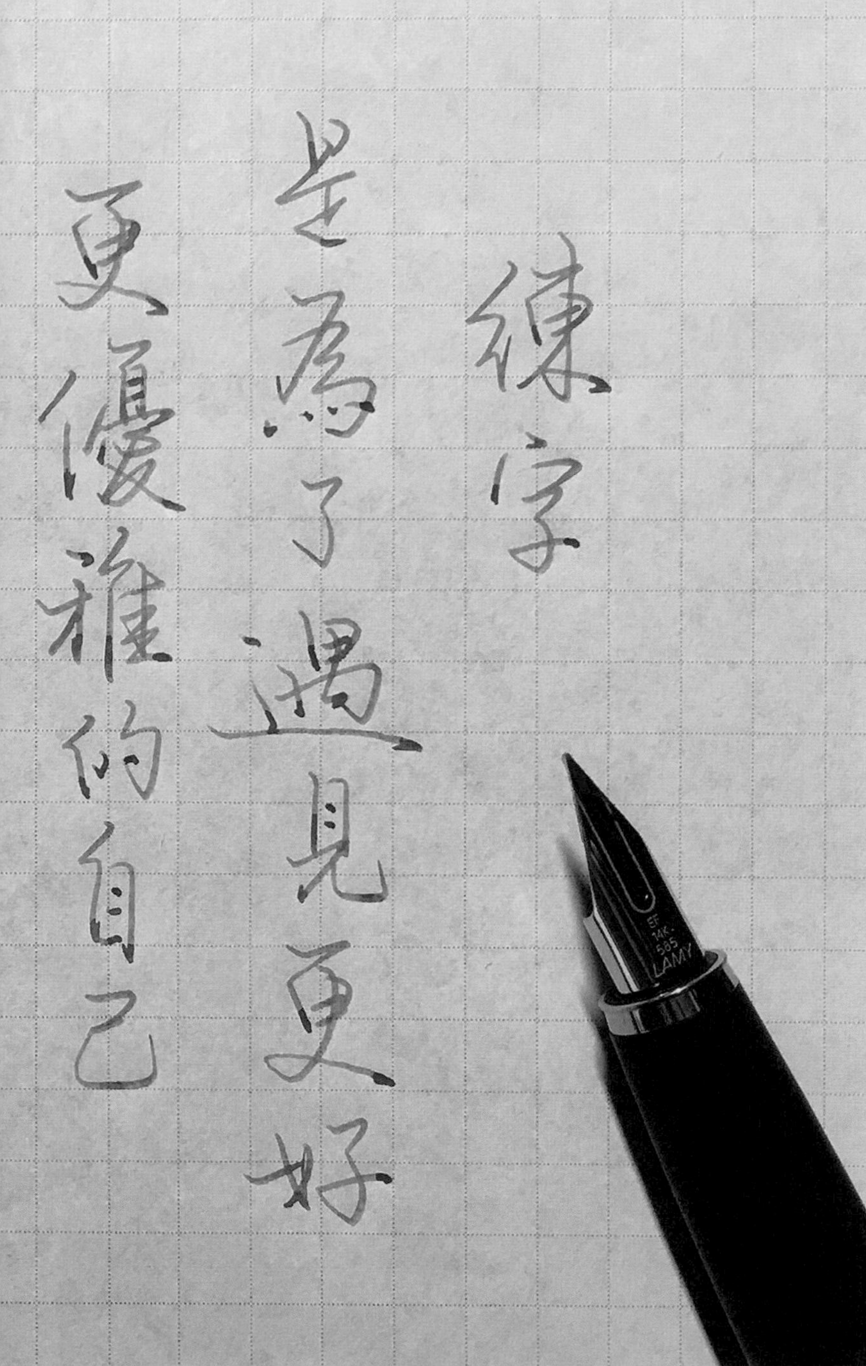
練字
是為了遇見更好
更優雅的自己
EF
14K
585
LAMY

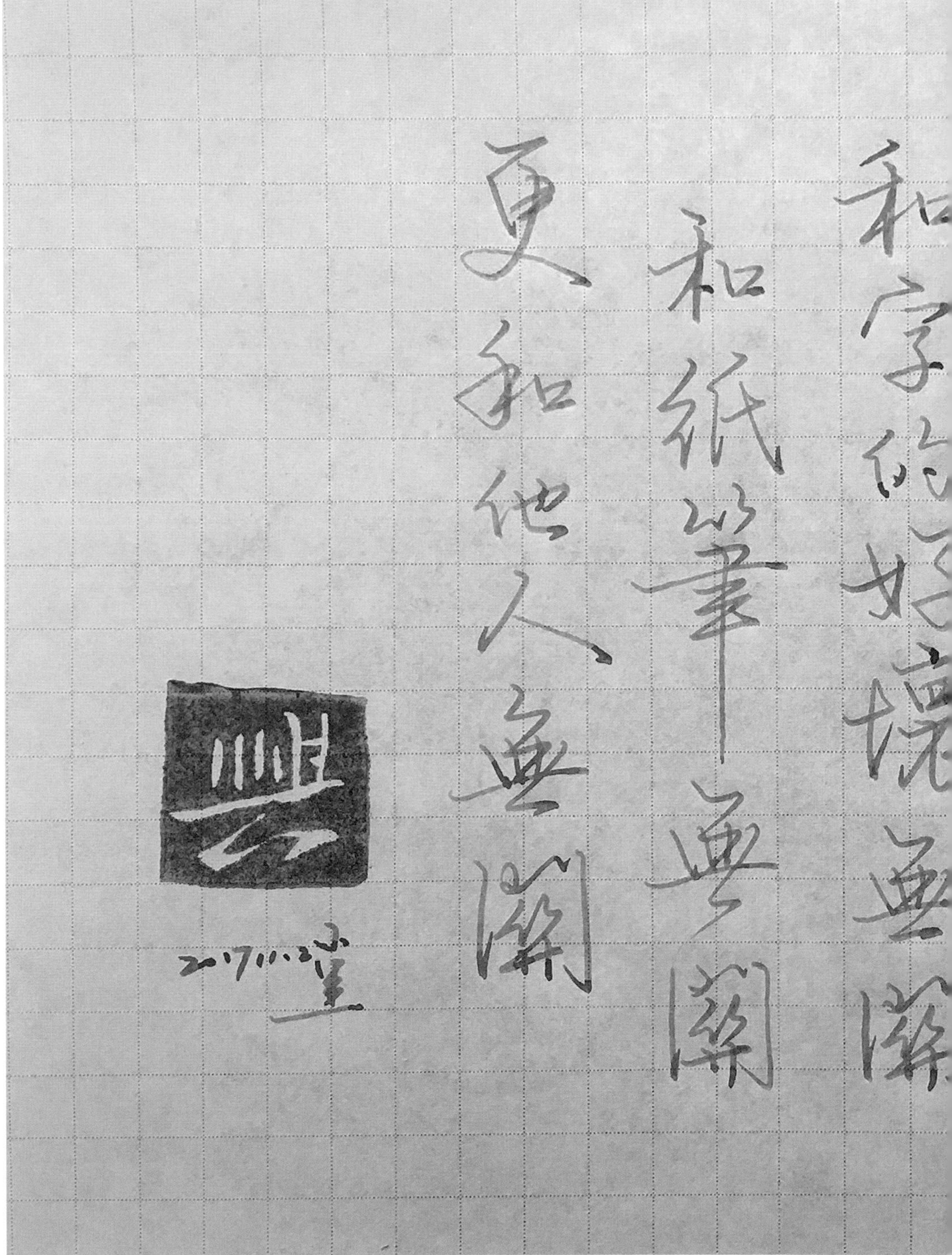
和字的好壞無關
和紙的筆無關
更和他人無關
2017.11.2

風吹雪片似花落

Lesson 07

肚皮彩繪之王

在我心目中，業務工作除了房仲之外，另一個領域也非常有挑戰性、能夠挑戰高薪的，就是保險業務了。

其實在做房仲工作時，就已經有四、五家保險公司來找我，其中有我的客戶，也有我的大學同學，最後我選擇了國泰這個老牌子。我想，既然是「保險」工作，我也希望我的公司是很「保險」的，可以讓我在外面衝鋒陷陣時為我加分，而不會經常出現負面新聞來扯我後腿。這就是我當初進這家公司的考量。

老實說，我在房仲界打滾了五年，投入保險工作之後對我來說，真的是如魚得水。保險產業的價錢透明，內容透明，根本不用處心積慮去編故事。只要能讓客戶信任，然後清清楚楚把保單內容、權利義務解釋好，讓客戶知道他買的是什麼、內容是什麼，就行了。對我來說，真的很像回到新手村去欺負小朋友一樣。這口吻雖然很臭屁，但在我剛進公司的時候，真的就是這個情況。

我很快就進入狀況，賺到不少錢，拿到很多獎，也以新人之姿，就一路擠進年度的高峰會競賽。這次就順利多了，我在進去的幾年之間，很快速就將大量的債務解決掉，生活也變得較為舒適，想法變得正面，人變得有自信，每次考試都一百分呢！

保險真的是一個很有趣的工作啊。邊玩，邊工作，會常常跟不同的人見面，認識新的朋友，一起到不同的地方去玩，去學習，去做有趣的事情，然後還可以賺到錢，真的很棒！不需要騙人，不需要有太多心機，老老實實的就好。

沒騙你，我跟我老婆就是因為這個工作而認識的。

其實以往在做放款時，就知道我老婆這個人了，她是我同事的雙胞胎姊姊，但就僅止於知道，其實是沒有任何交流的。

一開始，我記得有天這位我未來的老婆在臉書上發文，想找人帶她和幾個朋友去陽明山玩。我可是住在北投，陽明山我熟門熟路的，根本我家後院啊。如果我帶他們去玩，又可以多認識幾位新朋友，也許在業務推動上也會有新的機會，多好！所以我就速速自我推薦，要帶他們去陽明山走走。

怎知到了約定的當天，天公不作美，下起了雨，她的朋友們也紛紛放鳥，最後只剩下她一個人。那，也好啊，反正又不算是陌生人，既然都約了，就來去兜兜風繞繞吧！

我們那天最後去了淡水，又繞到了淺水灣，到海邊的餐廳吃飯聊天去了。這，就是我們的第一次約會，哈！

慢慢的，我們的互動越來越頻繁，經常上山下海啊，到處去玩。你們知道的，我那幾年瘋狂的在釣魚，常常不是要凌晨出發，就是要釣到大半夜，不管

我的結婚照片。

▌我的全家福，一轉眼臭小子已經這麼大了。

多遠，多累，多熱，太陽多大，她都願意陪我征戰四方！

除了玩，在生活上和工作上，我老婆也給我很大的空間以及很大的信任感，放手讓我做事。尤其我做的是業務工作，這樣的信任感跟空間，對我來說，真的真的非常非常重要，不然做起事來綁手綁腳，廢了功夫，是要怎樣跟人家跑業務啦！

就是相處得這樣輕鬆，這樣愉快，這樣自然，所以我們很快就結婚了。也在婚後的第一年，就懷了臭小子，小心翼翼的呵護啊，就等十月的預產期來臨。

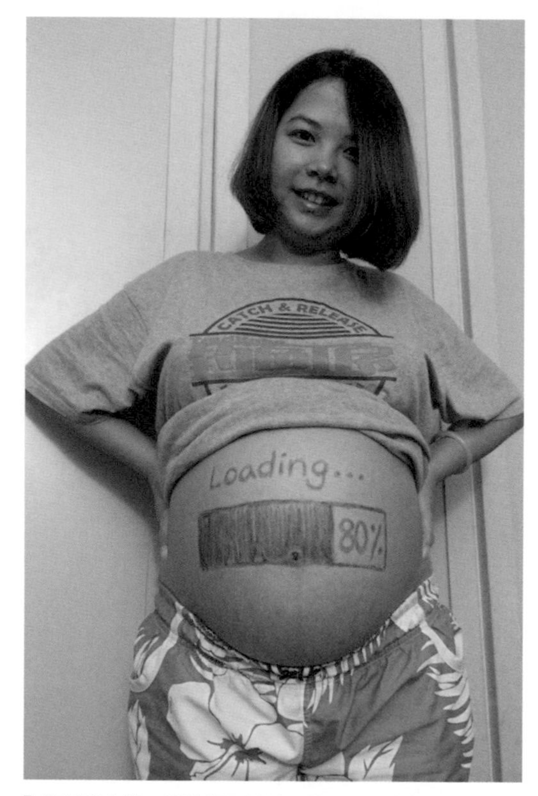

這是我老婆一開始想要的讀取條。嘖！沒創意！

距離預產期大約還有兩個月的時候，有天我老婆回家，帶了一盒蠟筆給我。她知道我喜歡畫畫，想叫我在她的大肚子上畫一個讀取條的圖案。如果你們有看過孕婦的肚皮彩繪，一定有看過這種讀取條的圖案，很多孕婦都在肚子上畫過這個圖，代表小孩快要來了。

但我想，拜託，那個已經很多人畫過了好嗎？我才不要跟人家畫一樣的咧！

所以我拿起筆，看著我老婆的臉，在她的肚子上畫了一個她的速寫，哈！這就是我們第一個孕婦肚皮彩繪！那時我還沒開始練字，也沒有粉絲團，我把老婆肚子作品第一號貼上自己的臉書，朋友們笑翻了，感覺大家都很喜歡啊，我跟我老婆也樂在其中。

第二天，我們仔細想了一下，發現小叮噹的頭就是圓的，應該會很適合畫在肚子上吧！畫完小叮噹之後，我們又將這張照片 po 上臉書，朋友之間除了又是一陣驚呼之外，開始有人瘋狂的點菜，說要看龍貓、要看巧虎、要看小丸子什麼的，還真的給我點起來了咧！

也就是這樣，從那天開始，我們每天就花二十分鐘到半個小時的時間來畫肚子。老實說，在肚皮上畫個卡通圖案是蠻有趣的，但是談不上麼厲害啦。不過，如果我是每天都做這件事，連續畫個五十天、六十天，那可就是一件很了不起的事情了。說不定全世界只有我做過這件事。嗯，就這樣做吧，這就是我想完成的壯舉！

在紙張上面畫卡通簡單，在肚皮上可就是另一個世界了。肚皮是立體的，不是平面的；肚皮中間還有顆肚臍，不管畫什麼，都要想辦法把它藏起來。另外還要顧慮的是，作畫的時候要使用什麼筆。我們特地去找了無毒的人體彩繪蠟筆，還增添顏色，不但要好上色，還要好卸色。

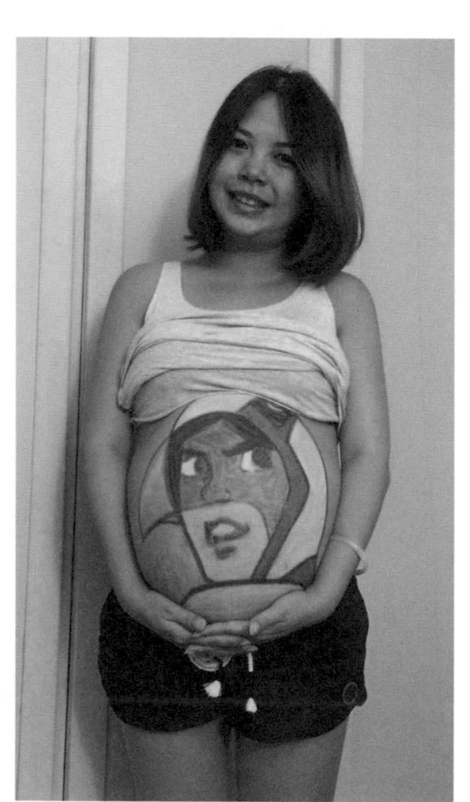

繪製科學小飛俠的時候，最難的就是如何把肚臍藏起來。

以上說的都還好處理，最恐怖的困難點在於孕婦的脾氣。在懷孕的後期，其實肚子都被撐開了，有很多的妊娠紋，畫的時候老婆會癢，會痛，會生氣，會抓狂！所以一個圖別想要畫上一個小時或四十分鐘的，能給你個二十分鐘作畫，你就要感謝了！所以，真的沒這麼簡單。

不過也就是這樣，我畫的速度越來越快，技巧越來越好，開始挑戰各式各樣更難的卡通漫畫角色，像是鋼鐵人、幕之內一步、聖鬥士星矢，這些都是一等一高難度的人物啊！其中我最滿意的肚皮作品，是《科學小飛俠》裡的鐵雄。這喚起了好多跟我同輩人的記憶。

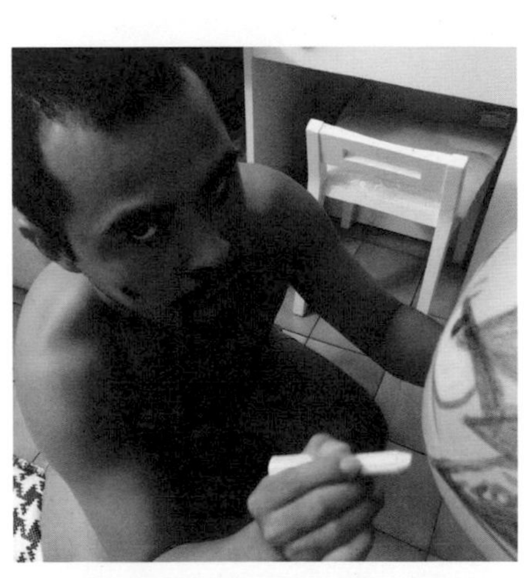

為孕婦做肚皮彩繪，是一件不容易的事啊。

就這樣真的我們連續畫了五十天，每天連載在我的臉書上，等於最後兩個月待產時，是有很多朋友跟我們一起走過的。一直到第五十天，我們那天不畫畫，只在肚皮上寫上我們對這個孩子的期許，希望他勇敢、孝順、健康！一切就像安排好的一樣，再隔了兩天，小子來報到了！

就在小子出生的第三天，TVBS新聞台來到病房裡採訪。採訪的主題，就是肚皮彩繪這件事，哈哈哈！這也是院長我第一次上新聞。我一直以為我上新聞一定會是因為什麼社會案件咧！呼。好險。

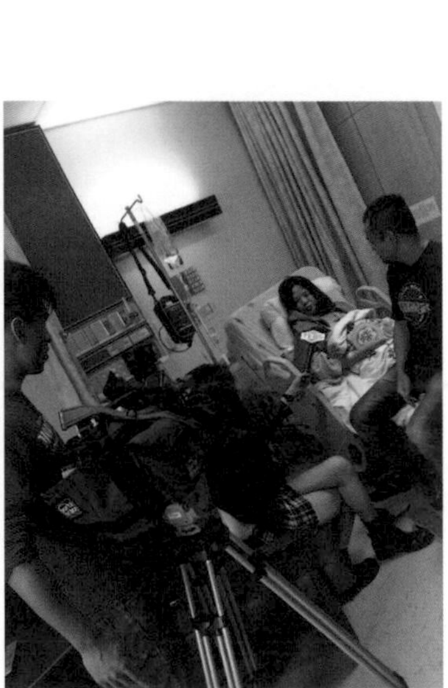

TVBS 來我們病房採訪肚皮彩繪，新聞當天晚上就播了。

院長開藥單：懂得堅持，你就是與眾不同

在製作肚皮彩繪的這兩個月中，其實我得到蠻多感想的。**堅持，讓平凡變得非凡：**就像我剛說過的，畫一個肚皮彩繪有什麼了不起。不過如果你堅持，每天都畫一個，連續畫五十天，那這件事就變成了一個世界上獨一無二的事，一件非常厲害的事！只要堅持著每天去做一件好的事，最後集合起來，就會變成一件偉大的事。

有沒有看過網路上的一個影片，老公在太太懷孕初期，就每天在同樣位置，幫她拍一張照片。拍照有什麼厲害的？不，厲害的是他每天堅持去做這件事，每天都拍，一直拍到肚子越來越大，生了，孩子出世抱在手上。最後再透過縮時，將這一年的影片，縮成短短的一兩分鐘，這樣的事情是不是很偉大？

Loading...

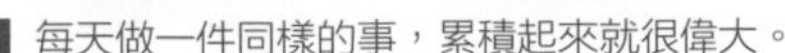

▌每天做一件同樣的事，累積起來就很偉大。

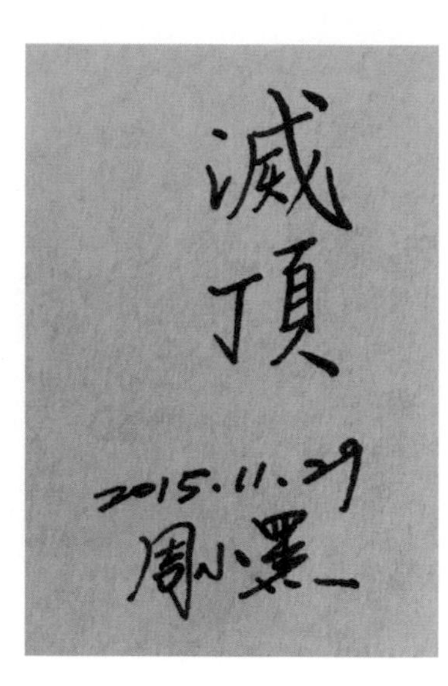

我在 2015 年開始連續 100 天的「滅頂」發文，這是第一天。

我曾經每天寫「滅頂」（消滅頂新）兩個字，加上一些堅持的名言佳句，連續寫了一百天。如果只寫一天，那並沒有什麼了不起，但連續不間斷地寫了一百天，就是一件很屌的事。

練習寫字不也是同樣的道理嗎？我今天練習一個小時，沒有什麼了不起的；但是我如果堅持下去，每天練習一個小時，堅持一年、兩年，甚至十年，會匯集成什麼樣的能量，誰也不知道。不過可以確定的是，這一定是一股非常巨大的力量！

「滅頂」連續發文一個月後，開始做一點變化。

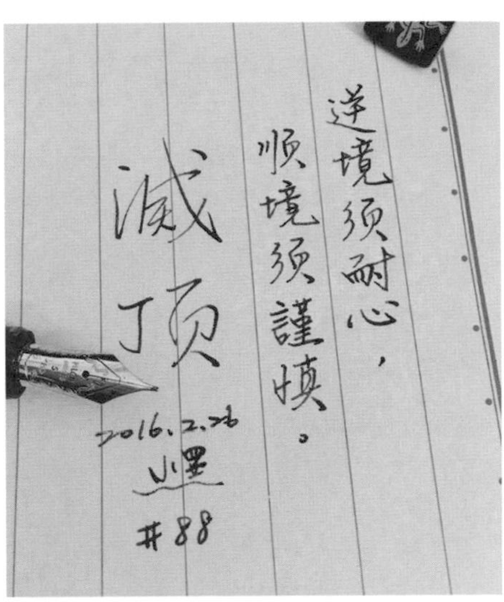

連續發文「滅頂」接近尾聲。

只要練習就能進步： 還沒有做之前，先別急著告訴自己「我做不到」。我從來沒有接受過正式的繪畫訓練，我只是一有機會就喜歡拿著筆塗塗寫寫。難道我天生就會畫肚皮，天生就懂得畫肚皮彩繪？天生就懂得畫龍貓、藍色小精靈、獅子王？不是這樣。

但我好手好腳的，我可以嘗試啊，看我第一天幫我老婆畫的圖，跟懷孕最後十天畫的圖，那細膩的程度，可以說天差地遠了。只要透過練習，就有可能讓自己進步。還沒嘗試之前，請不要就先投降了！

台灣著名平面設計大師林磐聳教授的《我的，台灣家書》這本書裡，記載他如何用各種不同的素材繪製出台灣的形狀，全部都是明信片大小的尺寸，到今天累積出兩千多張明信片了。「簡單的事做多了，」他說：「就變得不簡單。」這句話我完全認同。我也相信，這句話的意思，就包含了我在上面講的「堅持，讓平凡變得非凡」與「只要練習就能進步」這兩點。

請不要輕易告訴自己「我不行」。你要相信：我可以，我做得到！更重要的是，給自己挑戰的機會，不要被自己打敗了。

小時候，
幸福是簡單的事；
長大之後，
簡單是幸福的事
你他媽就你廢話最多
寫就對了，你別他媽只會嘴
我活著，他媽不是為了取悅你
寫字，誰他媽不是醜出來的

风吹雪片似花落

Lesson 08

最會帶頭作怪的就是你！

孩子出生之後，我的時間當然被帶小孩、當奶爸這件事大大擠壓。所以本來釣魚、看電影、打球、線上遊戲的時間，基本上都被吃光光了，乖乖在家顧小孩。也就是因為這樣，有天孩子在喝奶，我在旁邊看他時，就拿了紙跟筆起來塗塗寫寫，po上臉書。就這樣因緣際會，被朋友加到一個臉書的寫字社團——根本劉姥姥逛大觀園啊我，這個世界上竟然有這種社團，而且人數還不少耶，是有多愛寫字啦？哈哈！

加入寫字社團，真的讓我這隻井底之蛙大開眼界，開啟了我另一個世界。我告訴自己，我也可以，練習就好；一步一步，堅持練習就可以了！既然在社團中，要練習，有伴一起練當然更好。所以我也希望透過社團，可以認識更多的人，得到更多的幫助，一起練習！

除了練習之外，我也很愛每天手寫一些沒營養的笑話，po在社團，希望能跟社團的人有些互動。雖然都不太營養，不過倒是挺受歡迎的，我也覺得很好玩。而就在那一陣子，發生了頂新集團的食安事件，不肖商人用不肖手法，賣出不好的東西來賺錢，卻不顧國人的食安，真的很惡劣。加上現在我有兒子了，當了爸爸了，對這樣的事情更加害怕，也更有感觸。

所以我開始每天都發一篇文，每篇文的照片裡面，不管寫什麼句子，一定會搭配「滅頂」兩個字。大部分都是一些正面的、鼓勵人的、呼籲大家堅持的佳句。就這樣，這件事情，我持續做了整整一百天，三個多月。這一百天除了看得出來，我的字每天都在改變之外，「滅頂」這兩個字也引起了很多的共鳴。這三個月中，我竟然慢慢的在社團中認識了很多朋友，稍稍打開了自己的知名度，甚至也累積出了一些所謂的「粉絲」。

這件事跟我在畫肚皮彩繪的情況，是不是幾乎一模一樣？堅持的力量就是這麼可怕！

在這之後，因為真的有些人想看我寫的東西，但是在社團裡這麼多貼文，不容易有系統地找到我的字。所以，二〇一六年二月的時候，我還真的開了一個粉絲頁。但我可不想做一個什麼寫字的粉絲頁，我又不是什麼大師，最好有這麼多人要看啦！

我那時就想把粉絲頁當個儲藏室，把我想寫的、想講的、想給大家看的東西，都放在這。更重要的是，我一點都不想要把粉絲頁綁定在「寫字」這件事情上，萬一將來這粉絲頁真的紅了，然後我只能寫字，不是很囧嗎。現在想想，真的好險！

藉著粉絲頁跟社團交叉行銷的效果，我的粉絲頁人數漸漸爬升，而我在社團裡面漸漸更活躍起來，人氣也跟著增加。除了開始拍攝寫字的影片，我也每天發文刷存在感，哈！在這一段時間裡，我還在社團中舉辦了幾個很有趣的活動，第一次是因為我在社團中，經常用鉛筆寫字發文，然後我的粉絲也常常跟著用鉛筆發文，結果竟然被人家發訊息，叫他不要只會模仿我，哈哈哈。就因為這樣，我發起了一個三天的鉛筆舞會活動。真沒想到，那是一個鋼筆社團，在那三天幾乎被清一色的鉛筆發文洗版，盛況空前啊！

還有一個印象很深的活動，叫做「滷肉飯之吻」。來由是這社團中有個人在情人節當天，約了社團中另一個他喜歡的女生出去，然後是要去吃滷肉飯。這件事在社團中傳開了，大家覺得很有趣，索性我就發動了一個「滷肉飯之吻」的告白活動，

滷肉飯之吻告白之夜第一名的照片。

讓大家在我的發文下留言，用手寫的方式，向社團中你喜歡的人或是你崇拜的偶像告白。

為了讓這個活動更熱絡，我還拜託了社團中一位我很尊敬的前輩，請他提供手工鋼筆來做為獎品，讓告白留言中被按讚數第一名的人，有大獎可以拿。

天啊！整個晚上那一棟樓，熱鬧滾滾，大家都玩瘋了，我來回反覆的看讚數，回留言，光是這樣，電腦都當了好幾次！

我逐漸發現，如果能透過這樣有趣、高互動、輕鬆的方式，一定可以讓更多人願意提起筆來寫字，讓更多人一起來加入練字的行列。這樣的方式，也許可以慢慢的套用在我自己的粉絲頁中。後來也因為跟社團的管理員有些不愉快（我這種人對他們來說，太不受控，太難管理了），就離開了該社團，然後全心構築我自己的粉絲頁。

除了在粉絲頁認真發文之外，也因為粉絲的要求，我開始每個星期出一次作業。但是，我扮演的角色，不是老師。畢竟，我才練習多久，是要當個屁老師啦！直到今天，我還不斷告訴自己，我不是什麼老師。我扮演的是一個陪你一起練習的夥伴，在這個星期的作業中，我們一起練習這些字，我練習之後，發現了什麼樣的訣竅，有什麼心得，我會透過每週的直播來跟大家分享。如果你覺得對你有幫助的，就拿去用，大家一起練習，一起進步，大家都是同學！

光是這件事，我們已經做了超過一百次的作業了！整個過程，可以看得到，有些人堅持認真的在練習，有些人就是五分鐘就下課了。認真練習的粉絲，這兩年間，進步到難以想像的程度。而我呢？老實說，我很奸詐的，這樣的互動下，我當然是最大的受益者！除了字有一定程度的進步之外，我還增加了兩項能力：第一個就是透過不斷的直播分享，寫字的穩定度和良率都增加了。你知道，直播是不能NG的，所以會越

我第一次和台中粉絲們見面的情形。

寫越穩定。第二個就是，很多字我會寫，卻不知道怎麼告訴你方法，所以我花了很多時間去思考我該怎麼說、該怎麼點醒你，你才能很簡單的就發現不同。

我經常做這件事，這對於我後來開始上實體分享課程有超級多的幫助！也是因為作業的關係，我跟粉絲之間的互動，已經不是以我為中心的放射狀了。透過每週的作業，同學之間彼此會研討，會相互提醒，相互打氣，彼此都開始認識，熟絡起來，變成真的朋友，我們的網絡像是密集的網狀一樣，這是非常不同的！

曾經發生一件事，可以說明這一點。有一天我直播時，我兒子好像吐了還什麼的，我請大家等我，我去處理一下。我這一處理，弄了半小時，沒想到等我再回到鏡頭前的時候，直播裡面的一兩百人根本聊開了。你知道嗎，根本不需要我在，大家也可以玩得很開心。

嘖！（嘴巴上是這樣說的，心裡是挺開心的。）

這些一起練字的粉絲，感覺就像整個粉絲頁的基石。後來也透過很多次的聚會，讓我們大家碰了面，變成真的現實中的朋友，而不只是螢幕後面的那一個。能有這些緣分，真好，真的！

院長開藥單：練字不是競技，不要拿去跟他人比較

在我心中所謂的練習寫字這件事情，絕對不是單單只有「技」的練習，更重要的是「心」的成長。練字是一種態度，一種誠實面對自己的方式，一種自我訓練，一種自我認識與成長，根本無需透過比賽、競技，或是與他人比較，才能表現練字的成果。練了多少，自己心知肚明。又不是跑步游泳，比什麼？「技」能比，「心」能拿來跟他人比嗎？不過當然如果寫字的比賽命名為「寫字技術比賽」，那就另當別論了。我們可以設定學習的對象，去看去學，但千萬不要有比較之心。不要去批評誰的字美、誰的字醜。把自己做好，才是唯一要注意的事。網路上什麼人都有，有些人也許字寫得很美，嘴巴卻出奇的臭，整天批評這批評那，一副我才是正宗，其他都是狗屎的嘴臉。對我而言，這種人的字寫得再美，也是空殼。練字不練心，白練。真的越投入其中的人，會發現自己懂得越少，反而應該會更謙虛，更遑論去批評他人了。上面這段

話可能不是很討喜！不過在我心裡，確實就是這樣想的。在我們一群人一起練習時，有些人的字已經寫得很好了，有些人才剛起步在練習，但是，有什麼好比的呢？只要大家都抱持一樣堅持、踏實練習的心，那大家的字都是很美的好嗎？

更何況，在這個時代裡，能拿起筆，願意一起寫字，想把字寫得正確、寫得好，已經是很難能可貴的事了，更應該用鼓勵來代替批評。好吧！如果真要比，那就去跟昨天的自己比，看看自己今天是否比昨天更進步。看看今天的我，有沒有比一年前更進步：字有沒有進步，心有沒有也一起跟著進步。我經常會去看前兩年寫的字，以及前兩年做的事。看了就知道，自己還早得很，還有得練；看了就知道，要更謙虛，千萬不要自以為是；看了就知道，我這些日子，有沒有浪費了時間。現在你可以放下書，去看看，之前寫過的東西，然後跟自己說，明天，我要更好。

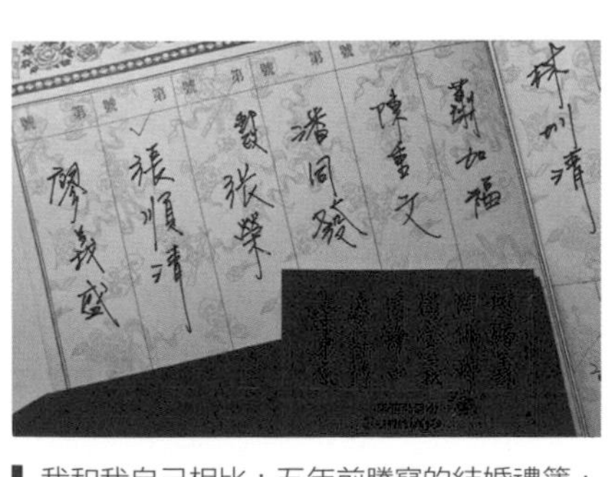

我和我自己相比：五年前謄寫的結婚禮簿，和我現在寫的字。

風吹雪片似花落

Lesson 09

做就對了！少囉唆！

粉絲頁除了讓我跟大家一起寫字進步之外，這兩年間，我們也做了各式各樣奇奇怪怪的作業，每次出作業都有人在哀哀叫說很難。例如「有筆當思無筆之苦」，那次的作業，嚴禁用筆寫！哇！腦力大激盪了，我的神經病粉絲用了湯匙、棉花棒、吸管、筷子、釣魚鉤，各式各樣超乎想像，總共超過兩百種的工具來寫。甚至還有內衣肩帶！

身為你們的院長，怎麼可以輸你們。我用了「釣魚線」還有「吸管套」結束這一回合。

有一次母親節的時候，我請大家親手做卡片，除了寫字之外，還要自己畫出康乃馨在卡片上。天啊，你會畫康乃馨嗎？我也不會。啊怎麼辦，去查去學呀！又沒有人天生會的。那個星期的作業，充滿了滿滿的愛，大家都做出自己的母親節卡片，當然，也在母親節時送給媽媽，告訴媽媽我愛你。你的媽媽有多久沒有收過你親手做的卡片了呢？

「黃金左手」大概是最莫名其妙的作業了。那個星期的作業，只能用左手寫，哈哈哈！這個作業釣出了好多好多潛水的粉絲，他們都是有跟著作業在練習寫字的，但對自己沒信心，總覺得自己的字很醜，不好意思交作業。大家都是左手就沒差了吧，這也讓他們也都浮上水面來，跟大家一起同樂。

這就是我想要的！練習寫字這件事，沒有這麼嚴肅，重點是你要真的提起筆，一起練習。我們還寫過海綿寶寶的歌詞，配上海綿寶寶的插畫。經過前面幾次提到的高壓作業，這些人交這個作業的時候，都已經不是娛樂性質了啊，變超專業的，每個作品都厲害的跟神一樣。不但畫了海綿寶寶，連派大星、蟹老闆都畫上了。超強的啦！超級感動！

會做這些作業也是想告訴大家，其實你會，只是你平常可能沒有機會去畫個海綿寶寶或做張卡片給媽媽，現在有這麼多人陪你一起同樂，你就會做了吧。你會，你真的會，你只是沒去做！

我寫過一句話，「我從不怕你超越我，我怕你超越不了我」。這句話乍聽之下好像是一句很臭屁的話，其實我想說的是，我從來不怕這一票人將來會超越我，以後會把字寫得比我漂亮。因為這就是我的目的，我要的就是大家一起變得更好。我怕的是，你不好好跟上，不努力練習，在中途就放棄了，那我就又損失了一個共同努力的夥伴。放棄了之後，怎麼會有機會超越我呢？

除了寫字之外，其實也因為直播、互動等這些事的需求，讓我增加了很多學習的機會。要直播，除了用手機簡單的架起來直播之外，因為要拍到我，又要拍到寫字，就要把手機拿起來切換，畫面換來換去，實在是很怕大家會暈船。所以我去查了很多有關直播的資訊，學習如何透過ＯＢＳ做雙鏡頭直播、如何調整延遲讓聲音跟影像可以同步，以及如何切換場景，以便讓我需要讓大家看iPad或是電腦螢幕上的資訊時，可以切

我第一次上課的情況，連簡報檔都沒有。

換在直播裡。雖然最後沒有持續用ＯＢＳ在直播，但是我學會怎麼使用了。將來有一天，也許就會派上用場。

如何拍攝影片、如何近距離拍攝寫字的影片；如何抓位置、調光線、對焦；如何在後製時加上字幕、加上音樂，剪接出最精華的部分，然後輸出成一個又一個令人療癒的寫字影片……學會這些，對我有多重要你知道嗎？二〇一七年初，粉絲頁人數從五萬一下子翻了好幾倍，跳上二十萬，靠的就是這些仔細處理過的影片。這些影片當時各大網路媒體都

這是我的書桌。一切的練習、一切的直播，都發生在這裡。

拿去分享使用，甚至還有日本非常知名的社群，也拿去重新編輯推廣。

除了這些，還有什麼？

許多人常常透過粉絲頁的號召，捐款給社會上需要的族群。這件事，我認為我們可以做得更好。於是我們做了「一日志工」。難道我原本就知道怎麼做嗎？透過朋友的協助，我們聯絡了適合的單位，敲定時間，敲定活動內容。然後在當天我們一行大約三十個人，在一間安養中心陪那些長者做卡片，做一張會變魔術的卡片，陪他們聊天，說說笑笑，逗得他們呵呵笑。平常我們很少有機會參與這樣的活動，更何況我竟然可以籌辦一場一日志工的活動！我自己都沒想過。

這一切的一切，都源自拿起筆的那一刻起。

真的要說寫字到底改變了我什麼，除了不斷累積這些一樣一樣學來的經驗之外，更重要的是，透過這些學習，我更能清楚知道，有太多太多的事情，不是你不會，只是在一開始就給自己設定了界線，告訴自己做不到。其實，沒有這麼難，只要你去接

▌我們的「一日志工」活動，對我來說意義重大。

觸，想辦法去學，想辦法去練習，就一定會有所成長。就算你不會成為該領域的佼佼者，但是透過這些嘗試，透過這些學習帶給你的，也都將會在人生中為你加分。

我現在在寫這本書不也是一樣？我寫過書嗎？沒有。但我給我自己一個機會嘗試。都說是新手了，不要嫌我書寫得爛蛤。

院長開藥單：經營粉絲頁

還記得我第一次在台北的實體課程，明明是分享寫字的課程，卻有兩個學員，他們來的目的是想要問我，怎麼經營我的粉絲頁。其實這個問題，也蠻多人問過我的。我不是什麼專家啦，不過我倒是有些自己的想法。

獨特之處：要知道自己跟其他人有什麼不同。很多人以為我是字寫得漂

這就是我第一次在台北開的實體課程。時間過得好快！

亮，所以粉絲頁的人數比起其他手寫粉絲頁多。奇怪，怎麼會有這樣的想法？如果字漂亮，粉絲頁人數就會多的話，那粉絲頁人數比我多的比比皆是吧。不是這樣的，你一定要知道你跟別人不一樣的地方在哪，然後把它展現出來。

方向：你的粉絲頁「定調」的時候要非常謹慎，要去想想你想經營的是什麼樣的粉絲頁。我要做的絕對不是單一的「寫字粉絲頁」，我希望這個粉絲頁的內容，能夠包含寫字、有趣的文、勵志的文，也包含了我想說的話、我的碎

▍台南的粉絲超熱情的。**我旁邊的是亦師亦友的男神楊耕！**

唸，也要放上我的生活、我的家庭跟朋友。

但這在一開始定調時，就要先周延的思考過。你想想，如果我的粉絲頁叫「小黑大叔的微溫手寫」，然後我三天兩頭 po 那些沒有營養的生活照，或是去玩去釣魚的照片，豈不是很接不上氣？啊是要微甚麼溫啦？是要叫誰看？

定位：要知道自己的斤兩。粉絲頁的追蹤數一旦慢慢增加，很多的這些「偶像」就開始真的以為自己是偶像了，忘了自己是誰。這，很恐怖。我會經常提醒自己這一件事情：單單就寫字來說，我根本不是什麼大師，不是什麼達人，真要比，我根本不是個咖。

所以我在粉絲頁上開宗明義就講了這件事。但喜歡你的粉絲總是會給你很多誇獎，很多鼓勵，其實是很容易迷失在這些掌聲中的。所以要不斷提醒自己「我是誰」，這真的真的很重要！

誠與善：誠懇地去跟粉絲相處，利用自己的號召力引導大家往「善」的地方去。

我剛開始經營粉絲頁的時候，我其實是很受不了「粉絲」這兩個字的，搞得好像我是偶像，你是小粉絲這樣。到現在，我還是很受不了這樣的一個關係。我喜歡把大家都當朋友，只要你是友善的，我都當大家是朋友相處。我跟你一樣，我沒什麼特別了不起的，大不了可能你覺得我寫字比你好看，就這樣而已。大家各有各的長處，各有各的厲害，交個朋友，互相學習就好。別把粉絲當粉絲，當朋友好點。

另外就是要「善」。網民的威力是很大的，當你握有一定的粉絲數，就會有一定的影響力，而且這樣的力量還很可怕！所以將粉絲引導到「善」的方向很重要，可以引領大家一起去幫助社會，幫助弱勢；而不是將這樣的力量拿來煽動粉絲，讓他們去對誰做輿論攻擊或是壓迫某些人。這都不是經營粉絲頁該做的事。

成長：再來就是，我覺得來看粉絲頁的人，一定要讓他有所得，獲得正面的東西，這樣粉絲才會不斷的回流，粉絲人數才會正向的成長。如果我每天都使用一樣的字、一樣的紙，po一樣無趣的文，那麼來看的人會得到什麼？一陣子之後就會離開了，因為我也沒成長，我也沒有讓他成長，那關注我幹嘛？

粉絲組成：一定要盡量的去瞭解你的粉絲族群的模樣：年齡、區域、性別、為什麼會來看你。我的粉絲組成就很有趣，有一部分是來跟我一起練字的，有一部份只是想看我寫字的，有一部分是想看我的文，還有一大部分是想聽我聊天的。

我瞭解粉絲的組成，我就更知道我該做哪些事。所以我的直播，通常寫字的時間跟聊天的時間，大概就是一半一半。你總不希望來看我聊天的粉絲空手而歸吧。

做自己：這是最後一點，也是我覺得最重要的一點！演自己永遠比演別人來得精湛。

我不會因為開了一個有大量寫字內容的粉絲頁，就硬要把自己塑造成文青。假如我硬要把自己塑造成「不是我的我」，就算一開始演得好，將來也可能隨著粉絲人數的增加，戲份越來越重，越來越難演到水準以上。做自己，才是最輕鬆愉快的。

還記得我剛開始直播時，大家都覺得妙：這個人怎麼這麼居家的在直播啦。就穿著T恤、短褲，就在書房裡，也不整理一下服裝儀容，也不整理一下房間擺設，這樣就上了？沒錯，這是我仔細想過的，哈！用最自然、平常我在家的方式來做這件事情，將來對我來說，才會是最輕鬆自在的。

沒有粉絲的時候，我穿藍白拖出門。現在粉絲快三十萬，我還是穿藍白拖出門。

做自己，就好，不要演。

以上的這幾點，大概就是我這兩年來的一些心得，如果你也想經營社群，那可以參考看看喔！是說做不起來的話，不要牽拖給我喔。

做自己，好自在。

風吹雪片似花落
月照冰文如鏡破

Lesson

10

暖心的重症患者

二○一八年初有天，我剛上完台北的課，下課時一位年輕的學員給了我一袋禮物，告訴我裡面是很好吃的手工餅乾跟一封感謝的信。我還對她說妳發神經啊，不用這樣啦。但在冷冷的寒流中，心裡是感覺很暖的。

離開上課的教室，走到停車場，上了車，發動了車子之後，我緩緩打開那個包裹，反正還要等車子熱一下。我先看看信裡面寫了些什麼。

Dear 小黑院長……這兩年我一直潛水看您的版面……我和國小六年級的妹妹，會一起看您分享的各種文字，她也是因您開始練習寫字……她當時罹癌正在做化聊及放射線治療，跟她約好較有體力時，帶她一起上您的課程。但她去年7月就過世了，我當時有私訊您，請您幫我寫了她的名字……

看到這裡，我在車上大概有十幾分鐘，腦袋是一片空白，無法思考的。各種情緒同時間擠在心裡，一下子根本無法消化。我幫她過世的妹妹寫名字？我其實真的已經忘了這件事了。慢慢的慢慢的，那些回憶，一滴一滴流回到我的腦海中。

前一年的夏天，粉絲頁收到一個私訊，傳訊息來的是一位年輕的姐姐，她說妹妹非常喜歡看我直播，也對寫字這件事很有興趣。但妹妹前些時候過世了，可否請我幫忙寫下妹妹的名字，還附上一張妹妹的生活照。

老實說，透過私訊來要我寫字的，每天大概都有十到二十次不等。我要是每個都寫，那我每天光做這件事就飽了。所以我做了自動回覆，也經常在直播的時候再三拜託，請不要傳訊息來叫我幫你寫字，我沒辦法幫你寫啦。不是我有多跩，是真的寫不完。這位姐姐有在關注我，當然也知道這件事。但她還是硬著頭皮，提出這個要求。

看到她訊息裡面寫的那些話，還有照片裡那個可愛的女孩子，默默地就把妹妹的名字練習了好幾次，然後好好的寫下來，拍成照片傳給她。這就像生活中一個小小的插曲，之後忙碌的行程一個接著一個來，我對這件事的印象也就逐漸模糊掉了。

Dear 小黑院長:

抱歉用尚未練過的字體寫這封感謝信給您，但日後練習後就能拿來比對了^^

這兩年我一直潛水看您的版面，因比較害羞不敢在網上和您互動，當時和我國小6年級的妹妹，會一起看您分享的各種文字，她也是因您開始想練習寫字。

她當時罹癌正在做化療及放射線治療，跟她約好較有體力時，帶她一起上您的課程，但她去年7月就過世了，我當時有私訊您，請您幫我寫了她的名字刻骨灰罈，也將您的字用照片沖洗出來放在身上隨時帶著。

對於一個陌生人提出這麼無理的請求，您卻願意幫忙，真的由衷地感激。

上週上了您的課，真的很遺憾妹妹不能一起上課，您的解說及練習歷程，覺得收穫良多，也重燃了寫字的熱情，希望之後也可以讓您看看。

雖說您當時拒絕了我想寄禮給您的提議，但我還是想表達謝意，準備了一盒手工餅乾，這個牌子我妹很喜歡，我也從小吃，希望您和家人一起分享，能渡過愉快的週末或下午茶。

會一直繼續follow您及想辦法練字的，也祝您新的一年更順遂、闔家平安。

……我當時有私訊您，請您幫我寫了她的名字刻骨灰罈，也將您的字用照片沖洗出來放在身上隨身帶著。對於一個陌生人提出這麼無理的請求，您卻願意幫忙，真的由衷地感激。

各種情緒在心裡翻騰，很溫暖，很感謝你們這麼信任我，讓我的字陪著這個孩子。但也感覺到悲傷跟遺憾，多希望能早一些認識你們，那也許我們不會是在這個情境下才有所交流。

上了您的課，真的很遺憾妹妹不能一起上課。您的解說及練習歷程，覺得收穫良多，也重燃了寫字的熱情……會一直繼續 follow 您及想辦法練字的。

依我的語言能力，我是完全無法表達出心裡感受的。真的很希望這個妹妹健健康康，快快樂樂，可以和姐姐兩個人一起來上我的課，聽我開幾個玩笑，讓我告訴她們怎麼練習比較好，可以和我一起快樂地練字。

……雖說您當時拒絕了我想寄禮物給您的提議，但我還是想表達謝意，準備了一盒手工餅乾。這個牌子我妹很喜歡……

這一包餅乾，它不只是一包餅乾你知道嗎？我閉上眼睛，彷彿可以清楚看見，我跟這孩子一起開心的聊天、吃著這些餅乾的畫面。緣分就是這麼奇妙，而這一切，都是透過寫字而來的。怎麼想也想不到，寫字這條路會是這麼有意義，會認識這麼多值得感謝的好朋友。

■

不久以前，有一位馬來西亞的粉絲突然扔了一個訊息給我，只有短短幾個字：「小黑大叔，我振作不起來。」通常我比較少和粉絲做單獨的互動，有時是我自己時間的考量，主要則是因為不太容易透過短短的訊息，瞭解對方的處境。不瞭解，就不要亂給回應了吧！

就在電腦制式的自動回覆之後，我回了一句：「幹嘛了@@」

他有點像是一股腦把自己的情緒宣洩出來，說自己的工作好多，卻又感覺什麼事情都做不好，情緒低落不堪。我看著這一大串簡體字的訊息，還有幾張「哭哭」的圖，不禁替這位粉絲的處境擔心起來。

他指的是工作上的情況，他陷入了自責，因為他認為大家對他的期望很高，可是自己卻不斷讓工作團隊失望。不但大失眠，還連續發了好幾天的燒。最重要的是，他覺得自己好辛苦，一直振作不起來，又沒有人能給他建議。

幾天沒睡，又一直發燒，這樣也未免太恐怖。我想起自己以往在工作上遇到的瓶頸，將心比心的給了他一些建議。我告訴他，我寧可少賺一點，不必有什麼太大的成就，但是我必須要把健康留給我愛的人。我還說，你需要的是休息，不是振作。留得青山在，不怕沒柴燒，沒有健康的話，將來連強大的機會也沒有。很感謝他願意把他的窘境告訴我，聆聽我給的建議，也許不一定對他有幫助，但也或許可以引導他不同的思考方向。

還有一位香港粉絲送給我的大禮，也是令人印象深刻！兩大箱，裡面井然有序放滿了她在大陸八十天背包旅行所蒐集到的珍藏紀念品。有筆，有紙，有墨水，還在禮物上一個一個的標註，這是在哪一天、哪個城市買的！拆這樣的禮物，真的會讓人想飆淚。

不久後，有次她有機會來台北，我們碰了個面聊聊天。她說她沒練字，只是偶然看見我的直播，裡面有些話打動了當時正在低潮的她，幫助她排解了當下的壓力。哇！聽她這麼說，心裡真的很滿足啊。但我並沒有

中秋節收到粉絲送來的名店名餅，膽固醇大爆炸。

感覺到自己對她有過什麼幫助，不過就像我前面提到的，保持善念，能有機會引領關注你的人，前往更好的方向，不知道會產生什麼，但，總有一天，他會回饋在更善的地方。

我收過最複雜的禮物，是在二〇一六年的生日收到的。那是滿滿兩大本的生日卡片。這些生日賀卡，並不是這幾十個、上百個粉絲分別寄給我的，而是他們私底下串連起來，分別都製作了卡片，寫好，然後寄到召集人那裡。再經過這位召集粉絲將所有人的卡片整理成統一的格式，然後一份一份、井然有序地放進這兩本合集裡。這真的是……

我有想過，換作是我，我會做這件事嗎？我不會！太麻煩了吧，幾十個人、上百人的東西耶，全部寄給我已經夠煩了，還要全部整理過，弄出漂漂亮亮的兩本紀念冊，這我做不到。太恐怖了。當我第一次在看這兩本卡片時，眼淚真的就在眼眶裡打轉，真的太感動！

說真的，我非常害怕粉絲送我禮物。我知道每一個禮物都是一份心情，而我必須把它們好好珍藏，做最好的利用，才不會辜負了大家。所以可以常常看到，我用各式各樣的筆、墨水或是一筆一筆來寫東西，我也愛在直播裡，炫耀粉絲送我的各種禮物。不是真的要臭屁啦，但是這足以表示我最多的感謝！

這些人，這些事，這些際遇，這些感動，才是我這一趟奇幻旅程，最珍貴的寶藏。真的想藉著這個機會，跟你說：謝謝！真的謝謝！

這是我寫的書，我自己在這邊感性地說一下謝謝，不過份吧？哈！

這是粉絲送我的富士山一筆箋。

院長開藥單：相由心生

很多人會把這四個字解讀成，如果這個人善良，他的面相也會是慈眉善目的。但是我更偏愛另一個解讀的方法：**你見到的世界，是由你心裡構築出來的。**你有一顆憤怒的心，你看到的世界就是憤怒的。你有一顆殘缺的心，你就會去嫌棄那些殘缺的人。但相反地，如果你的心是善良的，是積極正面的，是充滿活力的，那你看到的這個世界就會是這個模樣。經營粉絲頁的這兩年，更是很確切的再一次證實這個道理。

在一開始建構每週出作業、講解作業的時候，其實是聽到很多不友善的評論的：「這個人又不是什麼大師，還教人咧」、「人之患在於好為人師」、「自己都不會了，還可以教人喔」、「斜門歪道」、「字寫成這樣，好意思開直播教人？」等等。

對，這些就是我在一開始做這件事的時候，得到的評論。其中不乏很多字寫得很美的大師、老師或是前輩。老實說，當時真的承受很大的壓力，甚至有點卻步，懷疑自己該不該繼續做這件事。

沈澱自己之後，我再一次重新確認我的目標，我想要的是推動寫字這件事，我想要讓更多本來不拿筆寫字或是對自己寫字沒有信心、覺得自己字寫得很醜的人，能夠重拾信心，再一次提起筆來塗塗寫寫。

我再一次重新確認我的方法。我想，如果總是要設立高門檻，一定要買什麼筆才能開始練習，一定要上什麼課才能開始練習，一定要學書法才能開始寫字，這樣反而是跟「推動寫字」這件事背道而馳。若是我能用最簡單、快樂、充滿互動的方式，最便宜、容易取得的工具，就能帶大家體會到寫字的樂趣，那願意投入的人自然就會越來越多。再者，我從不覺得自己是老師，我的角色就像是伴讀小書僮一樣。雖然作業是我出的，但你練習什麼，我也跟著練習什麼。透過練習，把我發現的一點點方法，和大家互相討論分享，一起學習，一起進步。

在我再一次確認我的想法是會有正面影響之後，我就再也不顧那些負面的評論了。我知道我寫得不好，我知道我的字登不上大雅之堂，我也寫不出什麼厲害的作品，但是那本來就不是我要的。我要的是更多人一起拿筆動起來，一起進步！

發了這個善念，堅持的做下去，過程裡面邊做邊學。我們嘗試了很多不同的做法，做過無數次的修正，一直到今天的一週一個作業、一次直播。還記得一年前，類似這個方式的直播一個一個冒出來，現在回頭慢慢看，還剩幾個人在堅持？還好我的強項就是堅持。這些善念慢慢地、慢慢地流回我的身邊，大家都更好了，跟著一起練習的人更多了，跟著一起寫字的人更多了。這樣就夠了。

真的，相由心生。當你善意的面對這個世界，就會有更多善的事物自然的向你靠近。

想想若是沒有堅持這樣的善念，被那些不友善的評論影響，去憎恨、去討厭、去反擊，掉入那樣的陷阱，今天自然就不會發生這些善的事。再反觀當初抨擊我、用言語鄙視我的人，到今天，正面影響了多少人呢？

Lesson

11

葉佩雯

當粉絲頁越來越大之後，慢慢的，一定會有各式各樣的廠商來聯絡你，希望透過各式各樣的合作，來協助他們做行銷。有報酬的、沒報酬的、利益交換的、希望你跟他們互相宣傳的，總之就是各式各樣啦！

我在粉絲頁大概三萬人的時候，我就想過這件事了。我給自己的最低最低下限，是追蹤人數超過十萬人，才接業配文。

不過我第一次的商業合作，大概就是在粉絲頁三萬人的這個時候，哈！有天收到一則私訊：「院長，我們的藝人，出了了一本新書，請問您願不願意來幫我們手寫書名？也請您報個價，謝謝。」老實說，我那時因為已設定了「十萬人」的目標才開始商業合作，所以我在回這個訊息的時候，不知道哪跟筋不對，不知道到底在踐什麼。於是我回說：「可以的話，請先留下藝人的大名、書名、你們想要我用什麼方式書寫。可以請你們報個價嗎？我有時間的時候再回給你們。」

B案　關於愛……About Love 這件事

C案　關於愛……About Love 這件事

▌金曲歌后彭佳慧的書，就是我寫的書名。

有沒有很囂張（欠揍）？因為我想會來找我的，應該也不是什麼厲害的角色啦，哈哈。沒想到對方非常快就回訊息了，口氣也非常客氣。「院長，感謝您的回覆，我們藝人是這一次的金曲歌后，叫做……」蛤？！金曲歌后後面就不用說了吧，我知道這次的金曲歌后是誰啦，就彭佳慧小姐啊！感覺我被打了一個大巴掌，醒了！

我立馬回訊息：「是是是，原來是彭小姐，需要寫什麼，沒關係，我會盡全力幫忙的！」哈，所以才促成了這一次的合作。

▍我們家人和金曲歌后合影。

在這之後，廠商的邀請可是真的沒有停過。但實在是因為還沒達到我設定的最低門檻，所以我幾乎全部都婉拒了，除了「茶裏王」的案子。他們想要我幫他們寫新的包裝，搭配新的各式平面廣告。跟他們合作之前，我也想了非常久。會不會太早？酬勞會有多少？除了酬勞之外，對我而言是不是好處大過於壞處？怎麼想都覺得，這是一件有趣的事，如果真的做成了，支持我的人也會覺得很開心的，將來也能留下一個紀錄。雖然是商業合作，但其實就不太管什麼酬勞是多少，就上了！

這個茶飲算是在市面上曝光量很大的一個商品，所以新包裝一上市，我真的真的非常興奮。你可以想像一下，你自己寫的字，竟然被放在便利商店冰箱裡的飲料罐上。這是一件多麼夢幻的事！還記得上市的第一天，到我們家後面的便利商店去買飲料，結帳時我排在一個拿著茶裏王新包裝的人後面。我心裡的OS大概是：「喂！你知道上面的字是我寫的嗎？」哈哈哈，很奇妙的心情啦！不過其實沒有開心很久啦，因為在上市後的半個月內，我收到超過千封朋友或粉絲，拿著茶裏王的自拍照，大家都很開心，都拍照給我看。對啦，但是你能想像嗎？你手

▍你看，到處都是。

機裡有一千多張人家的自拍照，是多恐怖的事。

現階段對我來說，商業合作和酬勞固然重要，但能接到有趣的合作，能增加學習機會的合作案，更是重要！透過這些合作，讓我有更多機會去嘗試從來沒有做過、本來也不會做的事情。

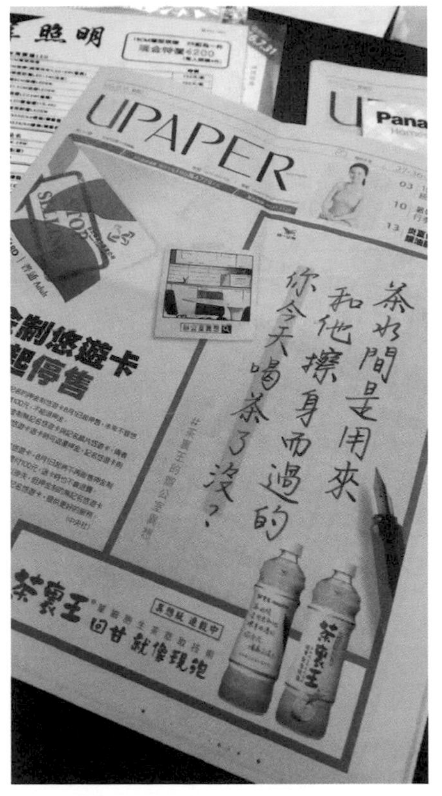

▍我為茶裏王寫的字，出現在捷運報上。

前陣子跟福斯汽車的合作，就讓我覺得非常非常有趣。提案中除了要在粉絲頁發一篇圖文之外，還要為我量身定做，拍攝一段影片。天啊！以我為主角拍攝一段影片耶，我只是一個中年大叔，我何德何能啊！

廠商想要拍出這七人座的大車，自己獨來獨往，上山下海，也是很適合的！所以我們來回多次討論之後，本來以我的興趣釣魚作為主軸，後來感覺一個人的旅行、登山露營更加適合。所以就拍了一個以露營為主軸的影片。

這是一次很有趣的經驗。沒想到，我根本是個戲精啊，哈哈哈哈！竟然這麼會裝ㄍㄟ掰的樣子。其實一開始覺得這個任務蠻輕鬆的啦，但是沒想到其實很多鏡頭都需要反反覆覆拍很多次，再加上那幾天的天氣不是很友善，氣溫也偏低，然後還要拍天剛亮的畫面，其實沒有這麼簡單咧。有累到。

▌為廠商拍攝影片，是全新的經驗。

▌難得帥一次。

除了影像之外，對我來說最困難的部分是錄製旁白。這真的很難你知道嗎？我們又不是什麼聲優，想要清楚地、有條不紊地將那些旁白唸好，真的很不容易，而且還不能只是唸完，要在一定的時間內，要有輕重緩急、高低起伏，然後最重要的，聽起來還不能假，一定要很誠懇說出這些話。這真的考倒我，我錄了非常非常多次，才終於有一次比較能聽的。所幸最後的成果，廠商很滿意，我也超愛的，哈！一切都值得了！

跟肯德基合作的那一次也是很有趣。廠商希望的圖文，除了要把文案的文字寫出來，新推出的漢堡也要一起入鏡。這漢堡去哪找？廠商交代了離我家最近的肯德基，然後請我過去拿。所以那天下午，我就帶著我寫好的字，前往那間店，領了餐，找好位置坐下，接著就把餐裡面的所有東西擺設在桌上，準備拍攝。

對，事情沒有這麼簡單的。你去過肯德基或是麥當勞吃過漢堡吧？你在店裡買到的漢堡會跟電視上一樣，這麼飽滿、這麼豐富、層次這麼分明的嗎？不是吧。拿到的漢堡在包裝的過程中就被擠壓過，哪個拿出來不是扁扁醜醜的？更何況，還要拍出漢堡裡面三種不同的起司、一顆乳酪球，還有中間的雞腿排。

我坐在座位上，想辦法把這些東西喬到每一個物品都拍得到。最討厭的是那個乳酪球，我像是給漢堡做手術一樣，從麵包裡面挖了又挖，找了又找，起司球才終於露臉，但是已經面目全非。

隔壁桌的大姐還問了我一句：少年ㄟ，你怎麼不吃，是在找什麼啊？

總之，這是一段很悲傷的回憶啊。

最好我自己可以把漢堡拍成這樣啦。

除了圖文，出席活動也是一種合作的方式，雖然我很不愛參加啦！上次出席三星手機的發表會，就是一個很愉快的回憶，從來沒參加過這樣的活動啊，還要在媒體朋友面前示範手機裡面手寫筆的功能，真的蠻緊張的，但是也很有趣就是了。那次也認識了幾位寫字畫圖的同好，拍了幾張很酷的照片，蠻好。

我參加三星手機的活動，又帥一波。

到高雄 SKB 展售中心，可以看到我的筆跟字喔。

很多人對於業配文，其實是很排斥的。對我而言也是，如果一個粉絲頁經常都是業配文的話，我想我也看不下去。但我並不覺得去接業配是一個對不起粉絲或是丟臉的、不能做的事。我花了這麼多的時間在發文，在出作業，在直播教學，在跟大家互動、聊天，又不是付費頻道，有每個月收誰的錢嗎？沒有啊！但是如果背後沒有實際上的金錢支援，我要怎麼去維持做這些事？我有一個家庭要養啊，我又不是背後有金主，或是含著金湯匙出生，我當然需要有收入來維持我現在正在做的事。

業配要有趣、適合，而且不能太頻繁。

對於業配或是商業合作，我總是這樣想，讓廠商來付錢給我，維持粉絲頁的運作，蠻好的啊！只要不傷風敗俗、不要太頻繁、適合我去做、有趣的，我真的覺得沒有什麼不好。

其實要來合作的廠商很多。有錢可以賺固然很好，但不是每一個都是我該賺能賺的啦。有不有趣、適不適合真的很重要。如果只是要我拿粉絲頁的讚數去換錢的話，那我實在做不到。

有廠商讓我在直播中吃他們家的拉麵。只是吃拉麵，就跟平常我的直播一樣，邊吃東西邊聊天。他們的企劃是找十位直播主，在直播中吃拉麵，酬勞五位數。可惜最後有幾位沒談成，所以整個案子撤掉了。這個很有趣啊，跟我平常做的事又不違和，何樂而不為？

有廠商要我推薦他們拔粉刺的機器，給的酬勞很高喔！但是合作的內容是要我在直播中，對著鏡頭使用他們的機器拔粉刺。這種錢我能賺、我該賺嗎？哈哈哈，就算你想看，我也做不來。

都講了一大篇了，下次我發業配文，記得按讚，哈哈！

院長開藥單：花若盛開，蝴蝶自來

你唯一要做的，終究，只是讓自己更好這件事。

前面說過，我幹了一輩子的業務，從銀行到房仲，接著到保險。也沒有一輩子啦，但也做了超過十五年的業務工作，怎麼說也是老業務來的。業務工作除了要專業、要經營人脈、要取得客戶的信任感之外，跟客戶的角色相較，其實一定是稍微比較弱勢的。為什麼？因為錢在客戶手上，最後決定這個契約能不能簽成、要不要簽成的，通常是客戶，不是業務。

但經營粉絲頁的這兩年，接到非常非常多的合作邀請（真的要說數以百計也不誇張），但怎麼好像，角色卻變了，決定權似乎比較多時間是在我的手上。這樣說並不是要臭屁我很厲害、我很屌什麼的，拜託不要再誤會了，而是在這樣角色悄悄互換的過程中，真的就感受到這個道理：「花若盛開，蝴蝶自來」。把自己做好，你的路就會變寬了，你能做的選擇就更多了。

這一陣子也開始經營ＩＧ，開設了一個匿名信箱，很多的年輕朋友會留言來跟我互動，問些問題，跟我交流。這些年輕的孩子很常問的問題是類似「我要怎麼加入那個圈子」、「我似乎不善於跟人交際」、「我不知道要怎樣做，才能討好我喜歡的女生」、「我真的很討厭誰，但卻不得已要跟他們相處」、「我跟我男朋友相處，好沒安全感」等等。而我最常回答的就是這八個字：**花若盛開，蝴蝶自來。**

我們唯一要做的、值得做的，就是不斷提高自己的能力！

把時間花在讓自己更好！別浪費時間，拿去討好別人。

當你有更好的能力了，你還需要去討好誰？好的事物，自然就會來向你報到，你可以謙虛地接受，但不需要低聲下氣地去求人。你有更好的能力了，將來會是誰討好誰，還不知道。

把時間花在讓自己更好！別浪費時間，拿去討厭別人。

有一句話說，「在我們能力不足時，我們就必須學會跟不喜歡的人相處」。為什麼？因為你沒有太多的選擇，只能接受。但是當你有更好的能力，你的選擇自然就會增加，你可以去選擇跟誰共事，你可以選擇去接受哪些訊息，不必委屈自己。當你提升了自己的能力，跟討厭的人實力出現差距時，你自然就更不會聽見那些負面的聲音。記得嗎？「獅子永遠不會回頭聽狗吠」，因為差太多了。

所以一定要記得：當有人給你惡意的話語或不友善的對待，不要把時間花在無謂的情緒或無謂的爭執上，這樣只會更拉近你跟他的距離而已。你要做的事情很簡單，就是讓自己更好，很多事情就自然而然地消失了。

咦，「我跟我男朋友相處，我好沒安全感」，跟我講的這個有什麼關係？

啊不是一樣的道理嗎？你想，如果我跟蓋兒加朵交往，你覺得沒安全感的是她還是我？她有錢，有名，有能力，她要擔心什麼？我才要擔心吧！所以要做的事情是一樣的，安全感是你自己給的，只要你提升自己，讓自己更好，你的選擇就更多了，誰會沒安全感還不知道咧。

百貨

風吹雪片似花落

Lesson

12

院長要開車了！快上車！

最後，也要借這本書，再一次邀請你，跟我一起提起筆，寫寫字。

寫字是一件再簡單不過的事，隨手可得的樂趣。如果再有人跟你說，要練字，一定要買什麼樣的筆，一定要上什麼樣的課，一定要買什麼樣的書，一定要去學書法，這才是正規的做法，這才叫練字！拜託你，聽聽就好。拿起五塊錢的原子筆，寫在日曆紙上，就能練習了。沒有這麼高的門檻，沒有那麼多的屎尿，你唯一要做的，真的是唯一要做的，就是提起筆，給自己時間，然後寫！

ㄟ，等等，為了怕某些文盲誤會，在這裡強調：學書法很好，我非常非常尊重很多厲害的書法老師，我自己也要去學！（我也正在偷學？）但是我想表達的是，那不是一開始想要練字的你需要擔心的。並不是你不學書法，就代表你沒資格練習寫字。練習書法是一個能讓字往美的方向前進的絕佳方式，是你將來有興趣的話，一個練習的方向。但是它絕對不是一開始就讓你卻步的門檻。

我甚至在ｐｔｔ看過抨擊我的言論，說我寫的字是「俗字」，要練一定要從書法開始。

我不否認我寫的是俗字，因為大叔我就是俗人。但老實說，就是因為這樣的言論，直接讓很多人打了退堂鼓。媽啦！原來寫個字規矩這麼多喔？沒去學書法，還要被人家說是俗字喔？

方法很重要，工具很重要，但是你沒有動筆的話，再厲害的方法，再貴的工具，都跟你沒關係。只要你拿起筆來踏實練習，真心的想讓自己進步，在練習的過程中你自然就會找出方法，你自然就知道你需要什麼樣的工具，你自然就知道你練習寫字是為了什麼，你自然就知道你真正喜歡的寫字是什麼模樣，後續要怎麼學習。

寫字是一件很誠實的事。你練習了多少，做了多少功課，下了多少功夫，都會很誠實地呈現在你的字上面。透過這樣誠實的練習，不但可以培養耐心、專注力、堅持，更可以重新檢視自己，認識自己。來吧，一起寫吧！

透過寫字，我這種中年大叔，都可以遇見更好的自己了，你一定也可以。什麼時候開始都不算晚，只要你願意提起筆那一刻，就是最佳時刻！

差不多了啦！寫到這邊已經碎碎唸夠多了吧！想到我現在還坐在電腦前面寫書，真的還是很奇妙的感覺。寫書耶！這兩三年對我這個中年大叔來說，就是奇妙之旅。

我心裡有數，所謂粉絲頁，經營社群這件事，絕對只有幾年的光景，我沒有傻到以為我會一輩子都有這些人氣。最終會是什麼，我不知道，對我而言可能也不是太重要。但是現在！就是現在！身在其中的每一分一秒，每一個新的經歷，遇見的每一個人，我都會用心去感受，去體驗，去記住！

至於寫字這件事，就是一輩子啦！沒完沒了的，有人破關了嗎？沒有人敢這樣說吧。我跟你一樣，我們都是練習生。只要還活著，眼睛、腦袋瓜跟手都還能正常運作的話，我想，我這個癮，應該也是戒不掉了，我一定會繼續寫下去的。或許我有一天會去學習寫英文，寫花體字；也許我會去學習書法，誰知道？但是我知道，只要我們透過努力練習，一定能從中得到很多樂趣，讓自己更好！

成功並不是突然發生的，而是當你決定去做的那一刻起累積而來的。

從現在起，我要更好！

心、技、體，都要更好！

我們都要更好！

書看完了，在拿去墊桌腳之前，可以在上面塗鴉了！

就是現在！拿起你手邊的筆，來吧！

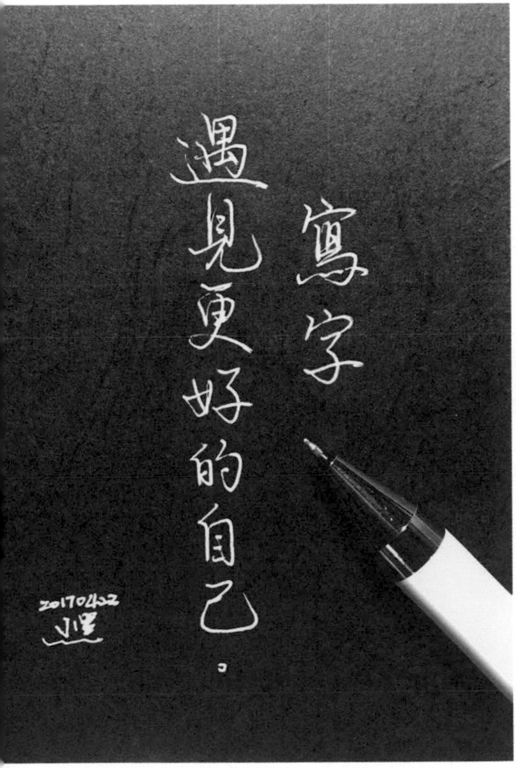

還不快跟上！

院長的處方箋
小黑大叔碎碎唸

作者　小黑院長
行銷企畫　李雙如
責任編輯　陳希林
內文構成　賴姵伶
封面設計　賴姵伶

發行人　王榮文
出版發行　遠流出版事業股份有限公司
地址　臺北市南昌路 2 段 81 號 6 樓
客服電話　02-2392-6899
傳真　02-2392-6658
郵撥　0189456-1
著作權顧問　蕭雄淋律師

2018 年 06 月 01 日　初版一刷
定價　平裝新台幣 280 元
（如有缺頁或破損，請寄回更換）

ISBN 978-957-32-8290-7
遠流博識網　http://www.ylib.com
E-mail: ylib@ylib.com

院長的處方箋：小黑大叔碎碎唸 / 周明興著 . --
初版 . -- 臺北市：遠流, 2018.06
面；　公分
ISBN 978-957-32-8290-7(平裝)
1. 自我實現 2. 生活指導
177.2　　107007150